# 출발선에 다시 서서

이인제 지음

# 0

## 대장정에 나서며

사람은 꿈을 꾼다. 어머니 뱃속에 잉태되면서부터 우리는 꿈을 꾼다. 어머니는 꿈꾸는 태아를 위해 음악을 들려주고 미래의 소망을 속삭인다. 꿈이 있으므로 희망이 떠오른다. 희망이 있으므로 목표를 세우고 도전한다. 이것이 우리가 살아가는 삶의 모습이다. 이것이 인간과 동물을 구별 짓는 하나의 잣대다.

한 사람이 꾸는 꿈은 그저 꿈에 불과하지만, 많은 사람이 같이 꾸는 꿈은 현실이 된다. 나는 정치를 하는 동안 국민과 함께, 국민과 같은 꿈을 꾸려고 노력해 왔다. 통일된 민족, 부강한 나라 그리고 행복한 국민이 오랫동안 내가 꾸어온 꿈이다.

도전은 언제나 두렵고 힘든 일이다. 수많은 실패와 고난이 뒤따랐지만, 그때마다 나는 꿈을 향해 다시 일어섰다. 나를 믿어주고 함께 꿈을 꾸었던 사람들의 사랑이 없었다면 좌절했을지 모른다. 그리고 오늘 다시 출발선에 서서 힘든 도전을 시작하려 한다.

이 책은 신발 끈을 고쳐 매고 대장정에 나서는 나의 출사표다.

파트 I에는 새로운 도전에 나서는 나의 의지와 열정이 담겨 있다. 나를 낳아주고 키워준 고향은 늘 어머니와 같은 존재였다. 한없는 은혜를 입고도 공을 다 갚을 수 없었다. 나에게 또 한 번 기회가 주어진다면 한 방울의 땀까지 다 바쳐 100분의 1이라도 보답하겠다는 간절한 마음으로 출발선에 다시 섰다.

파트 II의 1, 2장은 문재인 정권의 폭정을 질타하고 정권교체를 주창한 글이다. 암울했던 그 시절 나는 광장에서 태극기를 흔들며 저항의 대열에 앞장섰다. 그리고 페이스북을 통해 쉬지 않고 비판의 화살을 쏘았다. 안타깝게도 그것이 내가 할 수 있는 일의 전부였다.

3장은 국민의 선택을 받은 윤석열 대통령이 우리나라를 이끌고 가야 할 방향과 지표를 제시한 국가발전 전략이다. 짧지만 각 단락마다 나의 국가관, 역사관 그리고 우리 사회를 바라보는 관점이 녹아 있다.

파트 III는 내가 품은 꿈과 희망의 여정旅程이다. 한 가난한 농부의 아들이 역경을 헤쳐온 피와 눈물의 기록이다. 역대 대통령을 비롯한 공인에게 가끔 거친 언사를 사용한 것은 페이스북이라는 SNS의 특성을 고려한 글쓰기 결과다. 하지만 나라와 민족 그리고 사람에 대한 나의 사랑과 존중에는 변함이 없다. 나는 크고 작은 사랑과 역사에 대한 긍정의 자세로 길 없는 길을 개척해 왔기 때문이다.

문 정권의 실정과 폭정의 그림자는 아직도 우리 사회 곳곳에 드리워져 있다. 어두움을 떨쳐내고 그 공간을 희망의 빛으로 채우려면 더 많은 시간과 땀이 필요하다.

600편이 넘는 단상 가운데 100여 개를 추린 글이 앞으로 우리의 꿈을 실현하는 역사적 도전에 촛불이 되고 등대가 되길 소망하며, 오랫동안 나를 믿고 함께 꿈을 꾸어준 모든 분들, 무엇보다 나의 어머니와 같은 고향의 향우들께 이 책을 바치고자 한다.

2024년 새봄을 기다리며
고향 집에서 이암 드림

# 차례

0. 대장정에 나서며 ········· 4

## Ⅰ. 정치개혁이 국가개혁의 시작이다 ········· 9
   1. 지방이 살아야 나라가 산다 ········· 10
   2. 경험이 없으면 이길 수 없는 정치판 ········· 17
   3. 지금은 결단과 도전이 필요한 때 ········· 24

## Ⅱ. 페이스북에서 싸운 나의 투쟁 ········· 33
   1. 다시는 생각하고 싶지 않은 정권 ········· 34
   2. 정권교체는 시대적 사명이다 ········· 58
   3. 더 크고 더 강한 나라를 위하여 ········· 71

## Ⅲ. 이인제, 이인제를 말하다 ········· 137
   1. 꿈과 희망을 품고 맨발로 달려온 여정 ········· 138
   2. 넓은 무대로, 더 넓은 무대로 ········· 146
   3. 내 손으로 낡은 정치를 바로잡자 ········· 156
   4. 나를 위한 꽃길이냐, 나라를 위한 가시밭길이냐 ········· 171
   5. 좌파를 넘어, 좌절을 넘어 ········· 181

# I
# 정치개혁이
# 국가개혁의 시작이다

# 1. 지방이 살아야 나라가 산다

**큰 꿈이 큰 사람을 만들고, 큰 사람이 큰 나라를 만든다**

『태양은 또다시 떠오른다』. 어니스트 헤밍웨이가 쓴 소설이다. 마거릿 미첼의 소설『바람과 함께 사라지다』에도 절망에 빠진 여주인공이 "내일은 또 내일의 태양이 떠오른다"고 절규하는 장면이 나온다. 때로는 실패와 좌절이 엄습하지만, 우리는 또다시 희망으로 일어선다. 이것이 우리의 삶이고, 인류가 발전을 거듭해 온 원동력이다.

  나는 30대 후반에 정치를 시작했다. 영광의 순간은 잠시였고 실패와 좌절이 끊임없이 나를 괴롭혔다. 그러나 나는 굴복하지 않았다. 매번 희망의 끈을 잡고 일어섰다. 내가 존경해 마지않는 영국 총리 윈스턴 처칠은 우리를 이렇게 격려한다. "굴복하지 마라. 큰 일이든 작은 일이든, 결코 굴복하지 마라."

  모든 사람이 인간으로서 존엄과 가치를 향유할 수 있는 세상,

갈라진 민족이 하나로 되는 나라. 이것이 내가 정치를 하는 이유다. 그 꿈과 희망을 향해 나는 언제나 다시 일어섰고, 또다시 출발선에 섰다.

2016년 국회라는 정치무대에서 내려와 나는 야인野人이 되었다. 그 후에도 나는 도전을 멈추지 않았다. 시민의 한 사람으로 광장의 투쟁에 참여했고, 우리 당이 필요하다고 요청해 충남 지사직에 나서기도 했다.

지난 총선에 출마하기 위해 열심히 뛰었지만 지도부의 폭력에 좌절했다. 그럼에도 나는 다시 일어서 문재인의 폭정을 정면으로 겨누고 날카로운 비판을 멈추지 않았다. 정권교체를 위해 내가 할 수 있는 모든 노력을 기울였다.

역사의 신이 살아있어 절망적 상황을 뚫고 기적 같은 정권교체가 이루어졌다. 그러나 여전히 종북 좌파세력들의 저항이 윤석열 정부의 앞길을 가로막고 있다. 2024년 총선에서 안정적인 과반의석을 확보해야만 진정한 정권교체를 완성하고 대한민국을 정상궤도에 올려놓을 수 있다.

만에 하나 총선에서 패배한다면, 이는 당과 정권의 패배가 아니라 국가의 실패로 귀결될지 모른다. 절체절명의 순간이 아닐 수 없다. 나는 총선 승리를 위해 무슨 일이든 해야 한다는 사명감에 불타고 있다. 분연히 일어서서 승리를 쟁취해야 한다.

나의 정치적 고장은 충남 논산시와 금산군, 계룡시다. 호남과 경계를 맞대고 있어 충청권에서 보수 정치인이 가장 고전하는 지역이다. 국민의힘이 여기서 승리한다면 충청권에서 압승할 수 있다. 충청권 압승은 수도권에 살고 있는 충청 출신 향우들의 표심에 영향을 주어 수도권에서도 선전할 수 있다. 나는 이곳에서 네 번 당선되었지만 한 번은 새천년민주당, 또 한 번은 무소속 그리고 두 번은 우리 지역 충청을 대표하는 자유선진당 소속이었다.

험난한 정치역정을 끝내고 새누리당에 합류했지만 지지난 총선에서 실패했다. 그 후 민주당이 이 지역을 석권해 왔다. 그러다 지난 대선에서 국민의힘이 이 지역에서 승리했고, 이어진 지방선거에서도 승리했다. 특히 논산시와 계룡시는 12년 동안 좌파가 시장 자리를 차지하고 있었는데, 이를 밀어내고 국민의힘 시장이 등장했다. 금산군도 4년 동안의 민주당 군수 시대를 끝내고 국민의힘 후보가 당선되었다.

지방선거에서 우리 당 후보들의 성공을 위해 함께 땀 흘렸던 순간들을 지금도 잊을 수 없다. 참으로 힘들게 지방정권이 모두 교체된 것이다. 이번 총선에서 반드시 승리해 충청권의 압승과 수도권의 선전을 이끌어야 하는 절박한 이유가 여기에 있다.

대한민국은 240여 개의 기초지방자치단체로 구성되어 있다.

그러므로 지방이 곧 국가요, 국가가 곧 지방이다. 지방이 발전해야 국가가 발전하고, 국가가 발전해야 지방이 발전한다. 나는 이런 믿음으로 국회의원 시절 내내 고장의 발전을 위해 최선을 다했다. 하지만 주민들의 높은 기대수준을 만족시키지는 못해 항상 송구한 마음으로 살아왔다.

국가전략도시인 계룡시는 예외지만, 논산시와 금산군은 다른 농업 중심의 지방과 함께 쇠락의 길을 걸어왔다. 인구는 계속 감소하고 노령인구의 비중은 높아만 간다. 이 추세가 계속되면 지방 소멸의 운명을 맞을지 모른다. 지방이 소멸하고 도시만 살아남는다면 국가는 반쪽이 될 수밖에 없다.

지방은 다시 적정한 인구가 유지되고 젊은이들도 희망을 키우며 살 수 있는 공간이 되어야 한다. 다른 내륙 지방 소도시들은 아직도 어떤 반전의 기회를 잡기 어려워 보인다. 그러나 우리 고장 논산 금산 계룡은 분명히 큰 기회를 맞이하고 있다. 거기에 기초단체장, 광역단체장, 대통령 모두 국민의힘 소속이다.

이번 총선에서 국민의힘이 승리한다면, 국회의원은 중앙정부, 지방정부와 연대하여 우리에게 주어진 기회를 100% 살려낼 수 있다. 우리 고장은 활력 넘치는 삶의 터전으로 변모하고 주민들은 희망을 노래하게 될 것이다. 우리 고장의 미래는 밝다. 우리는 모두 밝은 미래로 나아가야 한다. 이것이 여러분과 함께 꾸고 싶은 나의 꿈이고 비전이다.

## 지방이 살아야 나라가 산다

나는 처음 국회에 진출하던 30대 후반의 열정과 마음을 다시 가다듬고 섰다. '초심을 잃지 말자.' 이것은 나의 좌우명이기도 하다. 정치를 시작한 지 35년이 지나다 보니 내 육신의 나이는 어느덧 70대로 들어섰다. 그러나 나의 마음과 정신은 여전히 청년에 머물러 있다. 육체적 건강도 문제가 없다. 하루 종일 걸어도 아직 너끈하다.

더글러스 맥아더 장군은 태평양전쟁과 한국전쟁을 승리로 이끈 위대한 군인이다. 군을 떠나면서 그는 미국 상하 양원 합동회의에서 이런 고별연설을 했다. "노병은 죽지 않는다. 다만 사라질 뿐이다." 나라를 위해 목숨을 바치는 군인은 육신이 사라질지언정, 그의 영혼은 죽지 않고 영원하다는 뜻일 것이다.

『전쟁론』의 저자로 유명한 독일의 군인 카를 폰 클라우제비츠는 이렇게 말한다. "전쟁은 피를 흘리는 정치이고, 정치는 피를 흘리지 않는 전쟁이다." 전쟁과 정치를 본질적으로 같다고 본 것이다.

전쟁은 적으로부터 국가를 지키기 위한 투쟁이고, 정치는 자기가 신봉하는 가치를 통해 국가를 부강하게 하는 투쟁이다. 대의大義를 위한 투쟁과 헌신이란 점에서 둘은 같다.

전쟁은 총과 칼로 싸우므로 피를 흘리지만, 정치는 말과 논리로 싸우므로 피를 흘리지 않는다. 나는 자유민주주의와 시장경제로 나라와 지방을 부강하게 하고 국민의 행복을 지키는 이념 전쟁의 전사戰士다. 맥아더 장군의 말처럼 결코 죽을 수 없다.

논산은 겨레의 맥박이 고동치는 역사의 현장이다. 삼국통일을 놓고 계백과 김유신이 결전을 벌인 황산벌이 논산 땅이다. 후삼국통일을 위해 고려의 왕건과 후백제의 견훤이 전쟁을 벌인 천호산도 논산 땅이다. 왕건은 통일 이후 천호산 자락에 왕찰王刹 개태사를 지었다. 불교를 국교로 삼은 고려 왕조의 상징적 사찰이 바로 개태사다.

조선은 유교의 나라였다. 조선을 경영한 사대부들 가운데 가장 큰 인맥은 기호학파였다. 기호학파의 중심인 돈암서원도 바로 논산에 있다. 구한말 3대 시장의 하나로 근대의 물결이 밀려들어온 강경 포구도 논산이다.

한국전쟁 때에는 제주도에 있던 육군훈련소가 논산으로 이전했다. 나라를 지키려고 경향 각지에서 달려온 청년들이 이곳에서 호국의 간성으로 단련되었다. 그 뒤 육군항공학교가 논산으로, 3군 본부가 계룡으로 각각 이전했다. 그리고 국방대학교도 논산으로 옮겼다. 어느덧 논산은 대한민국 국방력의 중심으로 우뚝 섰다.

금산은 해발고도 300미터 안팎의 고원지대에 자리 잡은 천혜의 땅이다. 대청호 상류와 인접하고 용담호를 끼고 있어 아름답기 그지없다.

임진왜란 때 전국의 의병들이 모여 호남으로 침투하는 왜군과 결전을 벌여 저지한 곳도 금산이다. 그 바람에 호남을 지키고 이순신 장군의 배후를 안정시켜 나라를 구할 수 있었다. 칠백의총은 그때 전사한 700여 무명 의사들을 모신 민족정신의 상징이다.

금산은 우리가 세계에 자랑하는 인삼의 본향이다. 올해 세계인삼축제에서 박범인 금산군수는 금산을 '세계인삼수도'로 선포했다. 금산인삼은 소중한 농업유산이자 무궁무진한 가능성을 가진 바이오산업의 미래 먹거리다.

계룡은 본래 논산의 일부였다. 계룡산 동남쪽에 있던 두마면이 그곳이다. 태조 이성계는 이곳 신도안을 조선의 수도로 점지하고 궁궐 공사를 진행하다 계획을 바꾸어 한양으로 옮겼다.

전두환 정권은 이곳에 행정수도 건설을 추진하다 계획을 축소해 3군 본부를 이전하고 군사도시를 조성했다. 지금은 인구 5만을 목표로 하는 국방의 메카가 계룡시의 비전이다. 자연환경이 수려하고, 대전과 인접해 있으며 도시 인프라가 잘 구축되어 있다. 머지않아 한국에서 가장 살기 좋은 도시로 꼽힐 것이라고 나는 확신한다.

## 2. 경험이 없으면 이길 수 없는 정치판

**금산과 나**

나는 국회의원으로 활동할 때 지역에서 필요로 하는 예산을 꼼꼼히 챙겨 확보하는 일에 최선을 다했다고 자부한다. 금산의 세계인삼엑스포 유치를 지원해 성공했고, 엑스포를 위한 각종 인프라 건설 예산을 차질 없이 확보했다.

금산 읍내에는 송전시설이 모두 지하화되어 전신주가 보이지 않는다. 엑스포가 열리는 광장에는 현대적 건축물이 즐비하다. 여러 실내 체육시설도 현대적 건축물로 세워졌다.

인삼이나 깻잎의 가공 시설 현대화에도 상당한 진전을 이루었다. 인삼산업법을 개정해 금산의 인삼산업 관계자들이 약초로서 인삼을 유통할 수 있도록 제도적 장치를 마련하였다. 그것은 말처럼 쉬운 일이 아니었다.

경기도 가평에 있던 국가내수면연구소를 금산에 이전한 것도 그 당시의 일이다. 700억 원 가까운 사업비가 들어가는 큰 사업이었다. 내수면 연구소는 생태 연구의 디딤돌일 뿐 아니라 교육과 관광을 위한 훌륭한 자원이 될 것이다.

금산인삼조합이 큰 부실 때문에 존폐의 기로에 처했을 때, 내가 주선해 백제인삼조합과 통합하였다. 통합 후 이름은 백제금산인삼조합으로 바뀌었지만, 지금은 옛 금산인삼조합 관계자들이 주도해 조합을 발전시키며 위기를 발전적으로 해결했다.

## 논산과 나

이명박 정권 시절 대홍수로 논산이 고통을 겪었다. 특히 성동뜰의 침수 피해가 컸다. 나는 개척리와 우곤리의 낡은 배수시설을 현대화하고 배수량도 대폭 늘려야 침수를 막을 수 있다고 판단했다. 그러나 농어촌공사의 예산을 확보하는 것은 우선순위가 이미 결정되어 있어 불가능했다.

나는 배수시설이 금강과 연결되어 있다는 점에 착안하여 4대강 사업 예산을 끌어들이기로 작정하고 본부장을 만났다. 4대강 사업의 제일 큰 목표가 홍수 예방이었기 때문이다. "이 두 곳의 배수시설을 4대강 예산으로 건설해 달라." 이런 논리로 그를 설득해 300억 원 가까운 예산을 확보할 수 있었다.

신속히 사업을 추진한 뒤 올해에도 큰비가 내릴 때 그 배수장 현장을 찾았다. 아주 성공적으로 작동하는 것을 보자 그 당시 어렵게 담판을 했던 장면이 떠올라 눈시울이 뜨거워졌다.

이명박 정권은 청계천 복원 사업의 성공을 지방에 확산시키려 지방 소도시 하천 복원 사업을 실시했다. 처음으로 전국에서 4개 소도시를 선정할 때 나의 요청으로 논산도 포함됐다. 복개된 중교천을 자연 하천으로 복원하는 사업이었다.

600억 원 이상이 들어가는 포르젝트라 오랜 시간이 흐르고 나서 사업이 추진되었다. 지금은 그런대로 작은 청계천처럼 시내 중심을 가로질러 흐른다. 앞으로 흐르는 물의 양과 속도를 높이면 더욱 멋진 명소가 될 것이다.

호남고속철도 건설로 땅을 수용당한 시민들의 불만이 폭발했던 기억도 새롭다. 보상비가 부당하게 낮은 것이 원인이었다. 나는 철도시설공단을 찾아가 재감정을 실시하도록 설득했다. 결국 30% 정도 보상비가 늘어났다. 호남고속철도, 경부고속철도로 토지를 수용당한 다른 어느 지방에서도 재감정은 없었다. 우리 시민들의 권익을 지킨 것 같아 큰 보람을 느꼈다.

13년간 논산훈련소 장병들에 대한 면회가 중단되어 지역 주민들의 불만이 컸다. 영업하는 분들을 포함하여 많은 시민이 면회

재개를 요구하고, 이를 관철하기 위해 노력했다. 나는 육군본부로 참모총장을 찾아 설득했으나 시원한 답변을 듣지 못했다. 할 수 없이 김관진 국방장관에게 면담을 요청했다.

그는 의원회관에 있는 내 사무실로 찾아왔다. 나는 이런 요지로 그를 설득했다. "단지 논산 지역경제를 위해 면회를 재개해 달라는 것이 아니다. 요즘 장병들은 대부분 외아들이다. 힘든 훈련으로 자신의 달라진 모습을 부모에게 빨리 보여 주고 싶을 것이다. 부모 또한 귀한 자녀들이 어떻게 달라졌는지 보고 싶지 않겠나. 그런 상태에서 자대에 배치되면 또 한 달간 면회를 못한다. 그곳은 내무반 구성이 훈련소와 달리 층층시하 아닌가. 훈련소에서 면회를 통해 자부심을 갖고 자대 생활을 시작하는 것이 군의 사기를 위해서도 좋을 것이다."

나의 말을 귀담아듣고 난 후 그는 "알았다"는 말만 남기고 돌아갔다. 그리고 3일쯤 후 면회 재개 특명을 내렸다. 오랜 숙제를 푼 것 같아 흐뭇했다.

이용하는 사람들은 별것 아니라고 여기겠지만, 호남고속도로 양촌 인터체인지를 만들고 양촌 산직리로 통하는 고속도로 오버브리지를 건설하는 것도 저절로 된 것은 아니다. 도로공사 관계자들을 잇달아 만나며 힘들게 설득하던 과정이 지금도 눈에 선하다.

강경에 있는 대전지방검찰청 논산지청과 대전지방법원 논산지원의 현대화는 아직도 숙제로 남아 있다. 내가 앞장서 사법행정타운 여건을 만들어 주었지만, 전임 시장의 의지가 박약해 지지부진하다. 새 시장이 분발하면 멋진 현대적 사법행정타운이 건설될 것이라고 믿는다.

강경의 자랑은 전국 제1의 젓갈 시장이다. 100개가 넘는 젓갈 백화점이 성업 중이다. 극소수의 상인이 원산지를 속이고 위생 기준을 어겨 문제를 야기하는 경우가 있었다. TV가 이를 방영하면 시장 전체가 마비될 수도 있다. 자극적이고 과장된 방송을 막기 위해 시장 대표들과 함께 사방으로 뛰었던 일은 당사자들이 더 잘 기억하고 있을 것이다. 그 덕에 두어 번 큰 고비를 넘겼기 때문이다.

**계룡과 나**

계룡은 국가 차원의 전략도시다. 올해로 시 승격 20주년이다. 인구는 5만 명을 넘보고 있지만 땅은 아주 비좁다. 그래서 치안 교육 소방 등 행정기관의 독립이 늦어졌다. 현재 계룡소방서는 독립했고, 2025년 계룡경찰서도 문을 열 예정이다. 교육지원청

설립은 조금 더 시간이 필요하다.

계룡은 군사도시라 장병들의 서울 출장이 빈번하다. 그래서 서울을 오가는 고속열차가 계룡역에 자주 정차해야 한다. 나는 철도 당국에 요청해 호남고속철도 완공 전이나 후에도 변함없이 하루 왕복 16회 정도 고속열차가 정차하도록 했다.

충청권 광역철도망 계획이 있다. 충북 청주공항에서 대전을 거쳐 호남선 철도의 대전 남부까지 연결하는 계획이다. 나는 당국을 설득하여 그 노선을 계룡까지 연장하고, 이어서 충남의 끝인 논산 강경까지 연결토록 요구했다. 호남고속철도가 개통되어 기존 호남선 철도의 통행량이 축소되었다. 폐쇄된 작은 역들을 복원해 충청권 주민들이 도시철도처럼 편리하게 철도망을 이용토록 하자는 게 이 계획의 목적이다.

예산확보가 늦어져 실행이 지연되고 있지만, 머지않아 이 사업이 착수되면 시민들이 새로운 교통망을 편리하게 누릴 것이다. 호남선 철도 직선화 사업도 신속히 추진되어야 한다. 구불구불한 노선을 바로잡아 속도를 시속 150km까지 내도록 하는 사업이라 막대한 예산이 소요된다.

10여 년 전 LH공사가 부실에 빠져 전국에서 추진하던 개발사업 가운데 상당수를 폐지하게 되었다. 계룡시의 대실지구 개발사업도 백지화될 운명에 처했다. 나는 LH공사 사장을 면담했다. "대실지구 개발은 국가가 전략적으로 건설하는 계룡시 계획의 일부다. 단순히 주택공급을 원활하게 하는 다른 개발사업과 차원이 다르다. 대실지구 개발사업은 대전과 인접해 있고 계룡시는 미래가 밝기 때문에 사업상 성공이 보장되어 있다. 그러므로 사업 폐지는 불가하다."

　나의 설명을 듣고 그는 그 사업을 살리되, 다만 사업부지만 약간 축소하는 것으로 조정했다. 지금 대실지구 개발은 성공적으로 추진되어 입주가 시작되었다. 그리고 계룡시는 목표인구 5만명에 육박하고 있으니 여간 다행한 일이 아닐 수 없다.

# 3. 지금은 결단과 도전이 필요한 때

**희망찬 우리 충청, 다시 뛰는 대한민국**

무능하고 부패한 문재인 정권에 신물이 난 우리 유권자들은 지난해 선거에서 논산시장, 금산군수, 계룡시장으로 국민의힘 후보들을 뽑아주었다. 그만큼 새로운 단체장들이 두 어깨에 짊어진 책임감도 커졌다.

국민의힘 출신 단체장들은 새로운 비전과 목표를 제시하고 주민들의 역량을 결집하고 있다. 2년 차에 접어든 올해에는 더 큰 변화들이 일어나 미래에 대한 희망이 넘치고 있다. 우리 이제 비전을 말해 보자.

■ **논산의 무한한 경쟁력**

논산은 농업이 강한 고장이다. 벼농사는 물론 딸기 토마토 수박 포도 대추 곶감 상추 고구마 등 야채와 과일 그리고 소 돼지 등 축산도 강하다. 서비스업으로는 강경의 젓갈 시장이 국가 대표 선수다.

무엇보다 농업의 경쟁력을 계속 키워나가야 한다. 신품종을 개발하고 재배시설을 현대화하기 위해서는 과감한 투자가 절실하다. 과학농업을 선도하여 경쟁력을 갖춰야 수출시장을 개척할 수 있다. 이것이 새 활로를 열 수 있는 유일한 방법이다.

인구감소로 국내시장의 수요는 침체를 면치 못하고 있다. 더 잘사는 농촌이 되려면 수출농업을 강화할 수밖에 없다. 백성현 논산 시장은 수출 길을 뚫기 위해 동분서주하고 있다. 그러나 지방정부와 농업인의 노력만으로는 힘이 부친다. 중앙정부와 수출 관련 기관들이 수출농업의 사명감으로 힘을 보태야 한다. 지방의 열정과 중앙의 힘이 결합하면 K-Pop처럼 한국의 농산물이 세계를 휩쓸 날이 반드시 올 것이다.

러시아와 우크라이나 전쟁이 2년째 지속되고 있다. 이스라엘과 하마스의 전쟁도 불꽃을 튀긴다. 핵의 시대에 사라질 것 같던 재래식 전쟁이 세계를 긴장시킨다. 세계 방산시장이 기하급수적으로 확대될 전망이다. 인류에게는 엄청난 비극이 아닐 수 없지만, 최고의 경쟁력을 갖춘 국내 방산업체에는 절호의 기회다.

첨단 생산시설과 연구소 투자가 조만간 획기적으로 늘어날 때 그 최적지가 바로 논산이다. 군 수뇌부가 논산에 있고, 국방과

학연구소와 방위사업청, 군수사령부가 인근에 있다. 호남선 철도와 호남고속도로가 통과해 물류에도 용이하다.

논산시는 논산을 방위산업의 메카로 만든다는 야망에 불타고 있다. 이미 백성현 시장은 발 빠르게 양촌면 10만 평 부지에 논산 최대의 방위산업공장을 유치해 건설에 착수했다. 3천억 원이 투자되는 연구소 국방미래기술연구센터도 논산에 유치했다.

이것은 시작에 불과하다. 앞으로 수많은 방산기업과 협력업체 그리고 연구소가 몰려올 것이다. 부지를 공급하기 위해서는 산업단지를 개발해야 한다. 현재 26만 평인 국가방위산업단지를 100만 평으로 늘리기 위한 절차가 추진되고 있지만, 머지않아 200만, 300만 평으로 확대해야 할 것으로 전망된다.

계획이 원만하게 추진되면 논산시는 인구 감소 지역에서 인구 증가 지역으로 탈바꿈할 수 있다. 늘어나는 인구에 걸맞게 주택 교육 복지 문화 수요를 충족할 대단위 개발이 이루어져야 한다. 중앙정부의 협력과 예산이 절대적인 선결 요건이다.

남해안의 거제도는 조선산업의 요람이다. 섬의 인구가 24만 명에 이른다. 조선산업이 없다면 거제도의 인구는 10만 명에도 미치지 못할 것이다. 논산의 인구는 11만 명으로 줄어들었다. 조만간 방위산업의 메카로 성장한다면, 논산은 20만 명을 넘는 도시로 번영할 수 있다. 우리는 그러한 미래를 앞당기기 위해 땀을 흘리고 지혜를 모아야 한다.

금강은 논산의 성동과 강경을 감싸고 흐른다. 강경포구는 밀물과 썰물이 교차하는 생태계의 보고였다. 군산을 통해 서해로 가는 뱃길로 화물 수송의 요충지였다. 그러나 금강 하구에 둑이 건설되면서 생태계가 교란되고 뱃길도 끊어졌다.

생태와 환경이 무엇보다 중시되는 시대를 맞아 우리는 생태계를 다시 살리고 뱃길을 복원해야 한다. 그래야 강경의 번영이 다시 도래하고 논산의 영광이 재현될 수 있다.

오래전부터 나는 이를 줄기차게 주장했으나 전북이 농업용수 확보를 이유로 반대해 벽에 부딪혔다. 전북의 농업용수는 다른 방도로 얼마든지 해결할 수 있다. 백제보에서 물을 끌어가는 것도 하나의 방도일 것이다. 나는 금강 하구둑을 개조해 금강의 생태를 살리고 뱃길을 열기 위해 시민과 함께 투쟁하고 성취하는 데 모든 역량을 집중할 각오다.

### ■ 금산의 무궁한 경쟁력

금산은 고래로 인삼의 명성을 지켜온 명약의 성지다. 박범인 군수가 명명한 대로 세계 인삼의 수도다. 중국 진나라에까지 '장생불사의 영약'으로 이름을 떨친 인삼은 지금도 건강과 생명을 상징하는 진귀한 약재다.

오늘날 인삼산업은 위기에 처해 있다. 국내 수요의 감소로 가격이 떨어져 재배를 포기하는 농가가 늘고 있다. 수출시장을 개척하고 인삼을 약초뿐 아니라 건강보조제로 널리 쓰일 수 있도록 정부의 투자를 대폭 늘려야 한다.

금산군은 이미 인삼 농가들, 인삼 관련단체들과 손잡고 인삼의 판로를 개척하기 위해 최선을 다하고 있다. 문제는 중앙정부의 의지다. 우선 인삼산업법을 전면 개정해야 한다. 현행법은 규제에 중점을 두고 있다. 현재 필요한 것은 규제가 아니라 강력한 지원과 육성이다. 우리가 세계에 자랑하는 농업 유산이 세계를 향해 나래를 펼 수 있도록 지원하고 육성하는 법으로 바꾸어야 한다.

인삼 수출 확대를 위해 중앙정부가 홍보와 금융, 시장개척 등 다각도로 지방정부와 인삼 농가, 관련 기업들을 지원해 주어야 한다. 아울러 인삼의 과학적 재배와 첨단제품의 연구개발을 위한 과감한 투자가 병행돼야 한다.

금산깻잎, 추부깻잎의 경쟁력도 계속 키워야 한다. 재배 시설과 가공 기술의 현대화 그리고 제품 개발을 위한 꾸준한 투자가 이루어져야 시장이 넓어지고 소득이 올라간다.

금산은 서대산 대둔산 진악산 같은 명산이 병풍처럼 둘러싸고 있다. 천혜의 환경과 생태가 금산을 생명의 땅으로 만들었다. 이것은 그 자체로 교육과 레저, 관광의 자원이다. 여기에 홍보와 산업이 덧붙여지면 이름 그대로 비단을 펼쳐놓은 산과 같은 명소가 될 것이다.

우리가 역점을 두고 모든 노력을 기울여야 하는 것이 친환경 양수발전소의 유치다. 금산군 부리면 방우리는 1조 5천억 원의 사업비로 건설하는 양수발전소의 최적지다. 이 발전소는 금산 발전의 기폭제가 될 것이다. 발전을 위해 조성되는 5만 평 면적의 산정호수 山頂湖水 는 금산을 최상의 관광명소로 만들어줄 것이다.

금산군은 심기일전하여 생명의 땅 금산을 건강 교육 관광 레저 산업이 융성하는 고장으로 발전시켜야 한다. 야심찬 계획을 세우고 현대적 설계와 디자인으로 도전해야 한다. 3대 명산과 양수발전소, 용담호, 출렁다리를 연결하는 트레킹 코스를 개발하면 내국인뿐만 아니라 세계인들의 사랑을 받는 필수 관광지가 될 것이다. 제대로 계획을 세우고 중앙부처를 움직일 역량만 갖춘다면 윤석열 정부의 지원과 예산 확보는 불가능한 일이 아니다.

금산의 노령화 비율은 34%를 넘는다. 이대로 간다면 소멸의 위기에 빠질 수도 있다. 시급히 금산의 운명을 반전시켜야 한다. 생명 건강 환경 생태 교육 레저 관광을 융합시켜 새로운 성장동력을 만들면 충분히 가능하다. 지금이야말로 결단과 도전이 필요한 순간이다.

■ 계룡의 무한한 잠재력

계룡의 미래는 밝다. 노령화 비율이 13%로 우리나라에서 가장 젊은 도시의 하나다. 계획 인구 5만 명도 눈앞이다. 국가 전략으로 설계된 도시여서 인프라도 최신이다. 천하 명산 계룡산을 배경으로 하고 있어 최고의 환경을 자랑한다. 계룡은 원대한 비전을 제시하고 끊임없이 성장 발전을 계속해야 한다. 정체는 곧 후퇴를 의미하기 때문이다.

이응우 계룡시장은 계룡을 '국방수도'로 선포했다. 우리 군의 수뇌부가 신도안에 자리 잡고 있어 국방수도가 계룡의 비전이 되는 것은 당연하다. 벌써 오래전부터 계룡시는 '군문화축제'를 열고 '세계 군문화 엑스포'도 개최하였다.

군대는 더 이상 전쟁을 상징하는 구시대 유물이 아니다. 현대의 군은 전쟁을 예방하고 위기 시에 생명을 구하는 평화의 상징이다. 우리의 군사력은 세계 6위다. 군문화를 평화의 상징으로 승화시켜 세계에 전파하는 중심에 계룡이 있다. 이것이 평화를 사랑하는 자유대한의 자부심이다. 군과 계룡 시민이 상호 신뢰와 사랑으로 하나가 되어야 하는 이유다.

계룡은 교육과 연구의 중심이다. 우리나라의 가장 시급한 과제 중 하나가 교육개혁이다. 계룡은 새로 태어난 젊은 도시라 시민의 가장 뜨거운 열망도 교육이다. 계룡의 교육수준은 첨단을 달려야 한다. 교육 당국과 학교 구성원, 학부모와 학생이 혼연일체가 되어 최고의 교육을 이루어야 한다. 지방정부와 중앙정부도 투자와 지원에 소홀함이 있어서는 안 될 것이다. 계룡의 교육이 논산 금산과 더불어 전국을 선도해야 한다.

계룡은 면적이 좁아 생산기지의 확충에는 한계가 있다. 반면에 연구기지에는 최적이다. 특히 방위산업 분야의 연구소가 계룡에 들어서면 연구 환경이 최고일 것이다. 군 수뇌부는 물론 국방대학교 국방과학연구소 방위사업청 군수사령부가 인근에 있어 정보의 교류나 연구의 협력에 최상의 조건이 갖추어져 있기 때문이다.

계룡은 첨단 신도시이고 대도시와 경계를 맞대고 있어 연구원들의 생활환경도 쾌적하다. 대규모 방위산업도시로 성장하고 있는 논산과 일체를 이루는 것도 크나큰 장점이다. 계룡은 연구 중심으로 발전하기 위한 전략을 세우고 역량을 집중해야 한다.

## 미래는 준비된 사람들에게 주어지는 선물

나를 키워주고 사랑해 준 고장을 위해 나는 마지막 헌신과 봉사를 하려 한다. 논산 금산 계룡의 발전이 곧 나라의 발전이다. 내 고장 주민들의 희망과 행복이 곧 우리 국민의 희망과 행복이다. 이것이 나의 신념이다. 이것이 내가 정치를 하는 근본 취지다.

지금까지 살아온 나의 삶과 명예, 경험과 역량을 다 바칠 각오가 되어 있다. 이를 위해서라면 나에게 두려움은 없다.

정치를 처음 시작할 때의 청년 같은 열정과 용기로 투쟁하려 한다. 초심을 잃지 않고 나라를 걱정하며 살아왔다고 나는 자부한다. 다시 한번, 그 초심을 가다듬고 나의 고장과 주민들을 위해 땀과 눈물을 흘릴 준비가 되어 있다. 그것이 나의 운명이고 도리라는 것을 알고 있기 때문이다.

# II

# 페이스북에서 싸운 나의 투쟁

# 1. 다시는 생각하고 싶지 않은 정권

**축복의 새해**

2021년 새해 아침이다. 어둠이 절정에 다다르면 여명이 밝아오듯, 새해에는 혼란을 잠재우고 평안이, 절망을 이겨내고 희망이 힘차게 솟아오르는 시간이 될 것이다. 온갖 악행을 저지르는 문재인 정권 세력들도 힘을 잃어갈 것이고, 극성을 부리던 코로나도 소멸되는 운명을 맞을 것이다.

예로부터 뿌린 대로 거둔다고 하지 않는가. 절망을 뿌린 자는 절망에 빠지고, 희망의 씨앗을 뿌린 자는 그 열매를 거두는 축복의 새해를 맞이하자. 선은 악을 이기고, 희망은 절망을 이긴다. 긍정의 에너지로 갈등과 분열을 일삼는 정권을 응징해야 새로운 시대가 밝아온다.

그 누구도, 그 어떤 권력도 국민과 헌법 위에 군림할 수 없다. 이 자명하고 평범한 진리가 빛나는 새해를 만들자. 또다시 태양은 떠올랐다. 오직 희망의 빛이다. 하늘은 스스로 돕는 자를 돕는다. 우리 모두 자중하고 자애하며 위대한 성취의 한 해를 다짐하자. 2021. 1. 1.

## 무엇보다 시급한 문재인 정권 심판

　문재인 정권 사람들은 하나같이 염치가 없다. 이제는 민주당 출신 국회의장까지 국민통합을 외치고 있다.

　총선에서 거대 의석을 차지하자 모든 법과 관례를 깡그리 무시하고 분열과 대결을 부추긴 세력이 누구인가? 바로 문 정권의 민주당이고, 그들의 만행에 길을 터준 사람이 국회의장 아닌가?

　국민을 갈기갈기 찢어놓은 자들이 누구에게 통합을 떠든단 말인가! 참으로 파렴치한 자들이다.

　가해자가 피해자에게 화해를 청하려면 먼저 사죄하고 용서를 구하는 것이 도리다. 그런데 그들은 마치 우리 당 때문에 통합이 안 되는 것처럼 윽박지르며 국민통합을 강요한다. 기가 찰 노릇이다. 김정은이 문재인에게 말한 것처럼 "삶은 소 대가리가 앙천대소할 일"이다.

　그들 입에서 진정한 참회의 고백이 나오기를 기다리는 것은 나무에 올라가 물고기를 잡으려는 짓과 다름없다. 이명박과 박근혜, 두 전직 대통령의 사면론을 띄워 재미를 보려는 얄팍한 수작의 연장이기 때문이다. 자나 깨나 국민을 분열시켜 나라를 절망으로 몰아넣은 문 정권 세력을 심판하는 일에 고삐를 늦춰서는 안 된다. 1.7.

## 환상을 부추기는 문재인

김정은이 다시 본색을 드러냈다. 코로나 시국에 7천 명이 마스크도 쓰지 않고 당대회를 열었다. 김정은은 핵잠수함, 극초음속 미사일, 전술핵무기 개발을 명령했다. 그리고 당규약에 "국방력 강화로 통일을 추진한다"는 규정을 넣었다. '핵'이라는 말을 서른 번 넘게 언급했지만 '비핵화'는 한마디도 꺼내지 않았다.

북한 체제의 본질은 변하지 않는다. 김정은의 본심도 변할 리 없다. 그런데 문재인과 트럼프는 평화의 환상을 부추기며 김정은과 춤을 추었다. 평양 당대회는 김정은이 적나라하게 본색을 드러낸 무대이자 문재인과 트럼프의 환상을 여지없이 깨뜨린 집단 시위였다.

시대착오적인 독재자와 나라를 파멸로 이끄는 문약한 자들의 환상이 북극한파처럼 한반도를 엄습하고 있다. 이런 상황에서도 문재인 세력은 환상 속을 헤매고 있다. "올해 안에 김정은이 답방해야 한다." "평화와 번영의 새 출발을 기대한다." 말끝마다 희망 고문이다.

개인이 환상에 빠져도 위험이 따른다. 정권을 담당한 자들이 환상에 빠져 적의 음모에 걸려들면 나라가 망할 수도 있다. 역사 속에 그런 비극이 비일비재하다. 우리 국민이 일어설 때다. 자유와 번영이 넘치는 한반도를 만들기 위해 무서운 결단을 내려야 한다. 금년은 그 심판이 시작되는 해다. `1.11.`

## 한미 훈련을 김정은과 협의해 결정한다는 정권

"한미 군사훈련을 북과 협의한다." 문재인의 말이다. 북은 줄기차게 한미 양국의 군사훈련을 비난하고 중단을 요구하고 있다. 그 의도는 무엇인가? 단지 대응훈련을 하는 것이 부담스러워 중단을 요구할까? 천만의 말씀이다. 북은 한미동맹 해체를 목표로 한다. 핵 도발의 궁극적 목표도 한미동맹 해체다.

문 정권 들어서서 한미 군사훈련은 계속 축소되었다. 트럼프의 비용 타령 탓도 있었지만, 문 정권의 사보타주가 결정적 이유다. 문재인은 "앞으로 북과 협의한다"는 취지로 말했으나 이미 북과 협의해 왔을 가능성이 더 크다. 북이 비난을 퍼부으면 예정된 훈련이 취소되거나 축소되었던 경우가 한두 번이 아니다.

적의 위협에 대응해 실시하는 동맹과의 연합훈련을 적의 승인을 받고 실시 여부를 결정한다? 동서고금의 역사에 이런 일이 있었던가? 도저히 제정신에서 나올 수 없는 말이다. 그런 일이 대한민국에서 벌어지고 있다.

국가와 국민을 지키는 군이 중심을 잡아야 한다. 통수권을 가진 자가 제정신이 아닐 때, 그래서 국민이 불안해할 때, 군은 국가와 국민에게 충성을 다하면 된다. 우리 군이 군대 본연의 기상을 보여주기 바란다. 1.20.

## 김정은 장단에 춤추는 문재인의 장관 경질

문재인이 몇몇 장관을 교체했다. 솔직히 관심도 없지만, 정의용의 등장은 괴이하다. 야권과 언론에서 "강경화를 교체하라"고 그렇게 다그쳐도 문재인은 요지부동이었다. 그런데 최근 평양에서 강경화를 맹비난했다. "코로나가 하나도 없다는 북한 발표를 믿을 수 없다"는 발언이 사태의 발단이다.

하필 강경화 자리에 정의용이라니! 그는 특사단을 이끌고 평양에 갔다 와 "북의 비핵화 의지는 확고하다"며 국민을 속인 장본인이다. 트럼프에게도 똑같은 거짓말을 했다. 정말 믿었는지, 믿는 척한 건지, 트럼프는 싱가포르에서 김정은을 만나 악수를 하고 웃기지도 않는 합의문을 발표했다.

얼마 뒤 하노이에서 만난 트럼프와 김정은은 싱가포르 쇼의 허구를 세계에 폭로했다. 그것도 모자라 김정은은 핵무장 강화를 선포하고, 남한을 강타할 전술핵 개발을 공개적으로 명령했다. 그런데도 문재인은 기자회견에서 김정은의 비핵화 의지를 믿는다며 넋두리를 늘어놓았다. 그 연장선에서 정의용이 등장한 것이다.

한국과 미국을 비롯한 세계를 속여 넘기려는 김정은을 위해 뻔뻔한 거짓말을 일삼은 자들이 마지막 굿판을 준비하는 모양이다. 해보라! 한 번 속지 두 번 속을 국민은 없을 것임을 우리가 실증해야 한다. 1.21.

## 검찰총장을 밀어내려는 추악한 공작

 법무부는 법을 통해 사회정의를 세우는 기능이 주 업무다. 법무부를 영어로 '정의부 Ministry of Justice'라고 부르는 이유다. 문 정권의 법무부는 거꾸로 간다. 첫 번째 장관 박상기는 문재인이 "저놈 잡아라!" 명령하니 공문서까지 위조해 그를 출국금지 시켰다.

 두 번째 장관 조국은 비리투성이라 검찰의 수사를 받고 기소되었다. 아내는 실형까지 선고받고 구속수감 되었다. 오죽했으면 한 달도 못 견디고 여론 압박에 떠밀려 사퇴했겠는가.

 뒤를 이은 장관 추미애는 검찰총장을 공격하며 그를 내쫓기 위해 별별 짓을 다 저질렀다. 그 과정에서 차관이 사퇴하자 새 차관이 임명되었는데, 이 자가 또 걸작이다. 술에 취해 택시기사를 폭행하고도 이를 덮으려다 들통이 났다.

 나라에 운이 있어 검찰총장을 몰아내려던 추악한 손이 부러졌다. 추미애가 저지른 범행, 권력으로 깔아뭉갠 아들의 범법 의혹도 다시 법의 심판을 받게 됐다. 이것이 문 정권이 말하는 정의의 실체다. 우리 사회에 정의를 다시 세워야 한다. 그 간판인 법무부부터 바로 세워야 한다. 1.25.

## 가면을 쓴 대법원장

대법원장 김명수의 가면이 벗겨지고 있다. 그는 헌법을 수호하고 사법의 정치적 중립을 지키는 마지막 보루다. 이미 나는 문 정권이 사법부를 장악하기 위해 멀쩡한 판사 탄핵을 추진하는데 왜 김명수는 침묵하느냐고 질타한 바 있다.

그런데 탄핵의 대상인 임성근 판사가 내놓은 녹취록에 의하면 김명수는 1년 전 임 판사가 제출한 사직서를 민주당의 탄핵소추를 기다리며 고의로 처리하지 않았다. 대법원장이 민주당과 결탁해 판사의 정당한 사직을 가로막고 탄핵의 제물로 바친 것이다. 이는 명백한 헌법위반이며 범죄행위다.

진정 탄핵당해야 할 사람은 김명수 그 자신이다. 그는 녹취록이 없을 것으로 믿고 임 판사에게 탄핵 이야기는 하지 않았다고 거짓말을 했다. 국민을 속인 행위만으로도 그는 당장 대법원장직을 내려놓아야 한다. 추락하는 새에게는 날개가 없다. 문 정권의 몰락에는 끝이 없다. 2.4.

## 문 정권이 빚은 최악의 실업사태

실업자가 150만 명을 넘었다. 사상 최악이다. 1주일에 1시간만 일해도 실업으로 분류되지 않는 게 문재인 식 통계 시스템이다. 취업을 준비 중이거나 취업을 포기한 사람도 통계에 포함되지 않는다. 이들을 포함하면 실업자는 157만 명이 아니라 그 몇 배에 달할 것이다.

고용 참사는 순전히 문 정권이 초래한 인재人災다. 소득주도성장이라는 정체불명의 깃발을 들고 노동시장을 쑥대밭으로 만들었다. 민노총이 하라는 대로 최저임금을 올리고 비정규직을 적대시했다. 수많은 영세 기업이 고용을 줄이거나 문을 닫을 수밖에 없었다.

탈원전을 밀어붙이며 국가채무를 급속히 부풀린 것도 문 정권이다. 세금으로 만든 허접한 일자리는 고용지표에 분칠을 하는 눈속임에 불과하다. 세계를 누비며 기업을 키워도 모자랄 이재용 삼성 부회장이 다시 감옥에 갇혔다.

도전과 창조라는 기업가정신이 죽으면 그 나라는 퇴보할 수밖에 없다. 고용 참사는 문 정권이 초래한 필연적 결과다. 이 반역정권을 타도하고 건강한 정권을 세우지 않는 한 상황을 호전시킬 방도가 없다. 우리 모두 문제의 본질을 직시하고 용감하게 행동해야 한다.

2.11.

## 국고를 거덜내는 정권의 매표 공작

　문 정권의 포퓰리즘이 극에 달하고 있다. 총선 전 재난지원금을 풀어 재미를 보더니 서울과 부산 시장 보선을 앞두고 지원금을 다시 풀기로 했다. 공개적인 매표 공작이다. 건설비가 수십조 원이 들어가는 가덕도 신공항 건설을 추진하겠다며 특별법도 제출했다. 부산 민심을 얻으려고 예비타당성조사도 생략하겠다니 어이가 없다.

　문재인은 코로나가 진정되는 시점에 모든 국민에게 위로금을 주겠다는 선심 공세를 서슴지 않고 있다. 경영자가 직원들에게 특별 보너스를 지급한다는 이야기는 들어보았으나, 국민이 뽑은 대통령이 주인인 국민에게 위로금을 주겠다는 말은 처음 듣는다. 국민 위에 군림하는 왕이라도 된 것 같은 환상에 사로잡힌 것 아닌가?

　선거에서 이기기 위해서는 무슨 짓이든 하고 보자는 것이 문 정권의 본질이다. 저 가공할 드루킹 사건이나 울산 선거 부정이 바로 그 증거다. 앞으로 어떤 부정과 범죄를 저지를지 알 수 없다. 두 눈을 크게 뜨고 이를 막아내야 한다. 그래야 나라를 지킬 수 있다. 2.20.

## 정체성이 의심스러운 문 정권 핵심들

문 정권 핵심세력이 한미연합훈련을 반대하고 나섰다. 이유는 단 하나. "김정은이 반대하기 때문"이란다. 처음에는 내 눈과 귀를 의심했다. 핵으로 우리를 위협하는 김정은이 반대하니 훈련을 해서는 안 된다는 저자들은 누구인가?

초대형 국책사업을 예비타당성조사도 하지 않고 수많은 법절차를 생략한 채 '가덕도 특별법'이 처리되었다. 검찰개혁이라는 미명 아래 검찰을 해체하기 위해 '중대범죄수사청 법안' 처리도 강행할 태세다. 이미 공수처를 설치해 검찰을 반신불수로 만든 게 문 정권이다. 중수청이 출범하면 검찰은 껍데기만 남는다.

조국 사태 이후 하루도 쉬지 않고 검찰을 권력의 시녀로 만들기 위해 광분해온 문 정권이 마침내 검찰의 목을 매달려고 한다. 민주주의는 사라지고 음습한 전체주의 독재가 판을 칠 것이다. 노예로 살 것인가, 자유인으로 살 것인가? 선택은 단 하나다!

권력의 광기에는 끝이 없다. 히틀러와 무솔리니, 일본 군국주의를 보라! 소련 공산주의, 동유럽 전체주의자들을 보라! 모두 상상을 초월하는 희생을 치르고 소멸되었다. 북에만 아직도 광기가 기승을 부린다. 그런데 대명천지 대한민국에 그런 광기가 판을 치다니 한심하지 않은가. 위대한 국민의 힘으로 이들의 광기를 몰아내야 한다. 절대로 타협하거나 굴복해서는 안 된다. 2.27.

## 투쟁으로 대한민국의 가치를 지키자

　오늘은 3.1절, 역사의 거울로 현재의 우리를 비추어 보는 날이다. 오늘날 문 정권은 무슨 짓을 하고 있는가? 조선의 마지막 조정처럼 무능하지 않은가? 무능하기만 하다면 그나마 다행이다. 문 정권은 그저 무능한 정권이 아니라 용서할 수 없는 국가관, 역사관, 가치관으로 무장한 위험한 정권이다.

　그들의 지향점은 대한민국의 역사와 정통성, 민주의 가치를 부정하는 것이다. 대한민국을 뒤집어엎으려는 북한 정권과 직접, 간접으로 연계하며 거짓 평화로 국민의 정신을 무너뜨린다. 독립된 국가로서의 위엄, 인간의 존엄과 가치, 시장경제를 통한 번영과 행복, 우리 국민이 피와 땀과 눈물로 이루어 놓은 이 모든 유산을 불사르려 한다.

　일제의 폭압에도 굴하지 않고 일어섰던 우리 조상들의 위대한 저항정신을 상기하자! 자유를 억압하는 정권에 대한 저항은 우리의 당연한 권리이자 역사의 소명이다. 자유통일과 세계평화를 선도하는 강대국으로의 부상이 우리 민족의 소망이다. 위대한 미래를 만들어 가는 여정에서 다시는 이런 반동이 되풀이되지 않도록 저항과 투쟁을 멈추지 말아야 한다. 3.1.

## 586 주사파의 집단폭주

문 정권은 완전히 이성을 잃었다. 브레이크가 파열된 폭주 기관차가 내리막길에 들어선 것과 다름없다. 멋대로 법을 만들어 표를 훔치려 날뛰고, 마구잡이로 돈을 뿌려 표를 사려고 덤빈다. 나라 재정에 구멍이 나든, 부정 선거를 치르든 승리하면 그만이라는 배짱이다.

윤석열 검찰총장이 살아있는 권력에 칼을 들이대자 그를 내치려고 그들은 별별 짓을 다 저질렀다. 그러다 뜻대로 되지 않자 아예 검찰을 해체하기 위해 중수청법을 만들겠다고 선전포고를 한다. 윤 총장이 반발하자 움찔하는 모양이지만, 폭주 기관차는 멈출 리가 없다.

며칠 전 문재인이 비서실장을 당에 보내 속도 조절을 요청했다가 반발만 사고 돌아갔다. 주사파 집단들에게는 문재인도 그들이 추구하는 목표를 위한 하나의 도구에 지나지 않는다. 민주주의도 법치주의도 사라진 암흑의 세상이 그리 좋으면, 그들을 그런 세상으로 보내주면 된다. 왜 우리가 피와 땀을 흘려 이룩한 이 위대한 민주주의 나라를 파괴하려 덤비나! 온 힘을 기울여 저자들의 폭주를 막아야 한다. 3.3.

## 우리 당이 앞장서 정치혁신의 돌풍을 만들자

야당에는 야성이 있어야 한다. 사자나 호랑이도 야성을 잃으면 굶어 죽는 수밖에 없다. 그런데 오늘의 우리 당 지도부를 보면 아직도 여당 시절로 착각하고 있는 것 같다. 도무지 싸우려 하지 않는다. 주사파 정권이 나라를 말아먹으려 밤낮으로 날뛰는데 무사태평이다.

지금의 여당인 민주당은 야당 시절 쉬지 않고 박근혜 대통령을 물어뜯었다. 여당이 되고도 지난 4년 동안 내내 사냥감을 찾아 헤맸다. 그들은 지금도 자유민주주의을 지키려는 보수 언론과 자본주의의 보루인 기업인들을 향해 배고픈 하이에나처럼 발톱을 드러내고 있다.

하루빨리 야당에 야성과 투쟁성을 불어넣는 일대 혁신이 필요하다. 낡은 이념에 중독된 문 정권은 나라와 국민을 혼란에 빠뜨리고 있다. 야당이 선명한 투쟁의 깃발을 들면 국민의 저항은 마른 들판의 불길처럼 타오를 것이다.

어제 윤석열 검찰총장이 자리를 내던졌다. 문 정권 주사파 세력이 자유민주주의를 파괴한다고 맹비난하며 어떤 형태로든 투쟁하겠다고 선언했다. 평생 공직에 몸담은 검사도 정권에 대한 전면 투쟁을 선언하는데, 1백 명 넘는 국민의힘 국회의원들이 들러리처럼 서 있어서 되겠는가! 이제 야당이 앞장서 정치혁신, 국가개조의 돌풍을 만들어야 한다. 3.5.

## 대한민국을 신냉전의 고아로 만드는 문재인의 중국 굴종

시진핑의 중국은 패권을 추구한다. 덩샤오핑은 서거하기 전, 앞으로 50년간 미국과 싸우지 말라는 유훈을 남겼다. 그러나 시진핑은 덩의 사후 30년이 지나기 무섭게 미국에 도전했다. 미국 대통령 트럼프는 경제전쟁으로 응수하기 시작했다.

트럼프의 뒤를 이은 바이든은 더욱 단호하게 중국의 패권 추구에 대응한다. 일본과 인도, 호주와 함께 중국에 대항하는 안보협력체를 강화하고 오키나와에서 필리핀에 이르는 미사일 포위망을 구축하려 한다. 아시아 태평양에 새로운 냉전이 시작된 것이다.

문재인 정권은 길을 잃었다. 오랜 자유민주주의 동맹이자 북한 핵 위협을 제어하는 유일한 나라 미국을 멀리하고 중국의 눈치를 보고 있다. 문재인은 중국의 사드 보복이 한창일 때 슬그머니 중국에 '3불不'을 약속했다. 사드 추가 배치를 하지 않는다, 미국의 미사일 방어체제 참여를 하지 않는다, 한미일 3각 군사동맹에 참여하지 않는다. 이것이 '3불'의 핵심이라고 한다.

대한민국을 중국의 위성국이나 속국으로 만들려는 속셈이 아니라면, 문재인은 무슨 생각으로 그런 무모한 약속을 했을까? 미국은 우리에게 새로운 냉전체제에서 결단을 요구할 것이다. 문재인의 '3불' 정책이 대한민국의 앞날에 걸림돌이 되어서는 안 된다. 문재인은 우리 국민을 신냉전의 고아로 만들지 말아야 한다. 3.6.

## 부패의 늪에 빠진 정권을 심판하자

LH 폭풍이 문 정권을 덮치고 있다. 부동산 폭등으로 고통받지 않는 사람이 없다. 집을 장만할 희망이 사라지고, 전세 월세가 올라 살던 집에서 내쫓기고, 소유자는 세금이 올라 신음한다. 문 정권의 악랄한 부동산정책이 빚은 참사다.

문재인 정권이 추진하는 신도시 개발 정보를 악용하여 불법 투기를 한 것이 LH 직원들뿐일까? 청와대와 민주당, 관계부처를 망라해 개발정보를 알 만한 공직자들이 파리 떼처럼 달려들어 투기에 가담했을 개연성이 높다. 개발계획 발표를 앞두고 그 지역 토지거래가 50% 이상 급증했다는 사실이 이런 추측을 뒷받침하는 증거다.

문 정권은 부정부패에 관한 한 챔피언급이다. 5천억 원, 1조 원을 끌어모아 꿀꺽 삼킨 라임과 옵티머스 대형 금융 사건을 깔아뭉개는 것이 그들이다. 그 사건을 수사하던 검찰 전담부서를 해체하고, 지금껏 그 천문학적 돈이 누구에게 흘러갔는지 밝히지 않고 있다.

이번 LH 사건도 처음부터 축소 은폐하려 국토부에 조사를 맡겼다. 고양이에게 생선가게를 맡긴 것과 무엇이 다른가. 문 정권의 부패를 파헤쳐야 한다. 부패는 나라를 안으로부터 무너뜨리는 암과 같은 병이다. 부패의 온상 문 정권을 심판해야 한다. 3.10.

## 김정은의 인권유린에 동조하는 문재인

　인권은 모든 가치의 출발점이다. 근대 이래 민주국가의 존재 이유다. 지구에 세워진 나라 가운데 최악의 인권 유린국은 북한이다. 해마다 유엔은 북한 인권결의안을 채택한다. 문재인 정권은 올해도 결의안 채택과정에 기권했다.

　세계가 같은 인류로서 북한 주민의 인권 개선을 위해 노력하는데, 문 정권은 강 건너 불 보듯 한다. 북한 주민은 우리 동포이자 헌법상 우리 국민이다. 어느 나라보다 먼저 북한 주민의 인권을 위해 앞장서야 마땅한데, 참으로 분노하지 않을 수 없다.

　문재인은 국회가 제정한 '북한 인권법'을 4년 넘게 깔아뭉개고 있다. 북한 인권재단을 구성하지 않고, 북한 인권대사도 선임하지 않는다. 명백한 직무유기가 아닐 수 없다. 그뿐인가. 살인적 인권탄압을 피해 목숨 걸고 탈북한 동포들을 따뜻이 포용하기는커녕, 찬밥 신세로 내팽개친다.

　통일 전 서독은 동독을 탈출한 100만 명 가까운 사람을 포용하고 그 에너지로 분단의 장벽을 허물었다. 3만 명 남짓한 탈북동포도 제대로 포용하지 않는 문 정권, 최악의 인권유린을 자행하는 북한에 굽신대는 문 정권, 그들에게 인권이 얼마나 존엄한 가치인지 국민이 가르쳐주어야 한다. 3.15.

## 국민을 개돼지 취급하는 문 정권의 주사파 세력

세계는 코로나 공포를 벗어나기 위해 전쟁 중이다. 영국은 이미 국민 50%가 집단면역을 형성해 마스크를 벗고 있다. 집단면역은 백신 투여에 달려 있다. 문 정권이 백신을 확보하지 못해 우리 국민은 이 전쟁에서 세계 최하위다. 연말쯤이면 선진국은 대부분 집단면역이 형성돼 코로나 공포로부터 해방될 전망이다. 그러나 우리나라는 연말은 고사하고 집단면역 형성이 요원하다.

그러면 어떻게 될까? 우리는 코로나 공포로부터 해방되지 못하고 선진국으로부터 고립될 것이다. 코로나 해방을 선언한 나라들이 집단면역이 형성되지 않은 나라를 외면할 것이기 때문이다. 그 여파는 가뜩이나 어려운 우리 경제를 파탄으로 몰고 갈지 모른다. 이 모든 책임은 문 정권에 있다. 그들은 처음부터 코로나 공포를 즐기고, 그 공포가 오래도록 우리 사회를 지배하기를 원했다.

공포가 있어야 통제가 용이하고, 통제가 통해야 국민을 자기들 입맛대로 끌고 갈 수 있다고 생각하는 것이 공산주의, 전체주의 독재자들의 심리다. 그렇지 않다면 어찌 그리 백신 확보에 무심할 수 있는가? 국민을 하루빨리 코로나 공포에서 구출하고 경제를 살려야 할 정권이 이런 짓을 저질렀다니 분노를 금할 수 없다. 4.12.

## 웅대한 비전과 도전이 청년들의 무기다

이재명은 대학 입학을 포기하고 세계여행을 하는 청년에게 1천만 원을 지급한다, 이낙연은 군 복무를 마친 청년에게 가산점 대신 3천만 원을 지급한다, 정세균은 20세가 되는 청년에게 1억 원을 지급한다, 대선 후보 경선에 나선 민주당 주자들이 제시한 공약이다.

문 정권에 실망한 20대 청년들이 민주당에 등을 돌렸다. 보궐선거에서 20대의 분노가 폭발해 문 정권이 혼비백산했다. 20대의 반란을 잠재우지 않고는 다음 대선도 가망이 없다고 판단한 주사파 세력은 이런 쓰레기 같은 공약으로 선동을 시작했다.

포퓰리즘에도 한계가 있다. 20대의 환심을 사는 일이 아무리 급해도 현금다발을 뿌리겠다고 하니, 이들이 정녕 나라를 이끌겠다는 사람들인가 의심하지 않을 수 없다. 오늘날 청년들은 절망에 빠져있다. 고용절벽 앞에 실업의 공포를 벗어날 가망이 없다. 빈부격차로 미래를 설계할 힘도 고갈되고 있다.

청년은 가정과 나라의 희망이자 미래다. 청년의 희망은 어디에 있는가? 싸구려 포퓰리즘에 있는가? 아니다. 그것은 청년의 절망을 가중시켜 마침내 미래세대를 비관으로 몰아넣을 것이다. 청년의 희망은 미래에 있다. 미래를 선점해 나가는 역동적인 정책이 해답이다.

미래는 무엇인가? 바로 3차, 4차 산업혁명이 몰고 오는 지식사회다. 박정희 대통령이 1, 2차 산업혁명을 성공시킨 것처럼 우리는 3, 4차 산업혁명을 다른 나라에 앞서 성공시켜야 한다. 악몽 같은 냉전을 해체하고 자유통일을 성취해야 한다.

선도적 산업과 통일의 시너지 효과는 가히 폭발적이어서 단시간 안에 통일 대한민국을 경제대국으로 부상시킬 것이다. 3, 4차 산업혁명의 성공, 자유통일의 성취, 이를 위한 국가적 역동성만이 청년의 가슴에 용기와 열정을 불러일으키고 희망을 채워 줄 수 있다. 5.6.

## 부실한 사병의 식판은 부패한 문 정권의 얼굴

부실한 사병 급식에 관한 뉴스가 이어지고 있다. 내가 입대했을 때만 해도 '보릿고개'가 엄연했는데 급식에는 별 불만이 없었다. 그런데 먹는 문제가 사라진 오늘날 군대에서 급식에 불만이 터지고 있다니 어안이 벙벙하다. 이유가 뭘까? 급식예산 일부가 부패로 사라졌기 때문이다.

군은 사기士氣를 먹고 사는 집단이다. 그런데 문재인은 군의 사기를 땅바닥에 내팽개쳤다. 주적 개념도 삭제했다. 총부리를 맞대고 있는 적에게 굽신거리기 바쁘다. 핵이라는 비대칭 무력으로 우리를 위협하는데도 동맹인 미국을 멀리하고 적의 동맹인 중국에 접근한다.

사실상 국방부를 배제하고 '남북 군사합의'라는 것을 만들어 경계를 허물었다. 조난을 당한 우리 공무원이 북한군에 의해 잔혹하게 살해당해도 찍소리를 못한다. 우리 영역으로 들어오는 북한 주민은 제대로 조사도 하지 않고 즉시 넘겨주기 바쁘다.

문 정권은 우리 군의 존재 의미를 부정한다. 국가의 안보와 국민의 생명을 지키기 위해 목숨을 바치는 집단이 존재의 목적과 의미를 상실하니 사기가 떨어질 수밖에 없다. 사기가 떨어지니 병사들끼리 전우애를 잃고 폭력이 난무한다. 장교들은 부패에 빠져든다. 부실한 사병들의 식판 위에 부패한 문 정권의 민낯이 어른거린다. 5.20.

## 문재인 정권을 심판할 당대표를 뽑자

　나쁜 정권은 나라를 망하게 하고, 정권 또한 저절로 무너진다. 며칠 전 공군 여성 하사관이 성폭력에 시달리다 자살하는 충격적인 사건이 발생했다. 문 정권의 광역단체장 세 명이 성폭력 범죄자로 밝혀져, 두 명은 처벌을 받고 한 명은 목숨을 끊었다.

　그런 정권이 지휘하는 군이니 오죽하랴! 엊그제는 전투기가 이륙하다 불이 붙는 끔찍한 사고까지 터졌다. 적은 핵과 미사일을 고도화하고 있는데, 안보를 책임진 문 정권의 군대는 이 모양이다. 사태가 이런데도 북을 두둔하고 평화를 노래하기에 바쁘니 얼빠진 정권이 아니고 무엇인가?

　문 정권의 하수인 노릇에 충실한 민주당 의원들은 코인 거래와 부동산 투기에 바쁘다. 열 명이 넘는 의원이 투기 혐의로 수사 의뢰되자 민주당은 이들을 전격 출당했다. 우선 급한 불을 끄고 보자는 심산이다. 스스로 생각해도 급하긴 엄청 급했던 모양이다.

　우리는 내년 봄, 이런 민주당과 문 정권을 심판하고 정권교체를 해야 한다. 정권교체, 이는 자유우파를 대변하는 우리 당의 지상명령이다. 이를 완수할 당대표를 결정하는 마지막 투표가 내일까지 계속된다. 올바른 결단을 위해 마지막까지 최선을 다하자! 6.9.

## 온갖 매체의 풍악에 맞추어 등장한 이준석

전대가 끝났다. 정권교체의 문이 열린 것일까, 닫힌 것일까? 그 운명의 주사위가 던져진 것이다. 진보와 보수를 막론하고 모든 언론이 이준석을 띄우는 데 혈안이 됐다. 경쟁자들은 소나기에 눈을 뜰 수 없었고, 강풍에 몸을 가누기도 힘들었다.

과연 그는 무너진 보수를 구할 메시아일까? 아니면 기성정치의 염증을 날려줄 신데렐라일까? 메시아는 종교의 영역에 나타나는 존재다. 그것도 가장 낮은 곳에서 가장 고통받는 모습으로 나타난다. 온갖 매체의 풍악에 맞추어 개선장군처럼 등장할 리가 없다. 신데렐라도 동화의 세계에나 존재하는 허구일 뿐, 현실정치에는 존재할 까닭이 없다.

나는 정치를 하는 동안 이런 광풍을 몇 차례 경험한 사람이다. 하나는 노무현 광풍이었다. 또 하나는 탄핵 광풍을 타고 등장한 문재인이다. 그들은 메시아도, 신데렐라도 아니었다. 우리는 이제 냉엄한 현실 속에서 이준석을 대표로 만나야 한다. 내년 3월, 우리는 무슨 상황이 닥치더라도 저 무도한 정권을 심판하고 정권교체를 이루어야 한다는 지상과제를 잊지 말아야 한다. 6.11.

## 시대착오적인 이재명의 역사관

　미군을 점령군이라고 우기는 이재명은 자기를 비판하는 사람들을 향해 색깔론이라고 역공한다. 2차세계대전 말기, 아시아 태평양에서 일본을 패망시킨 주역은 미국이었다. 중국은 수세에 몰렸고, 소련은 싸우지 않았다. 미국이 일본의 항복을 받아냈다.

　패전국 일본의 입장에서 보면 미국이나 소련의 군대는 점령군이다. 그러나 미국 소련 영국 중국은 이미 카이로에서 전후 한국을 독립시키겠다고 선언하였기 때문에 한민족의 입장에서 보면 한국 독립을 위해 진주한 해방군이다. 그런데 이재명은 미군을 점령군이라 폄하고 "이승만이 친일매국 세력을 앞세우고 미군과 합세하여 정통성 없는 정부를 수립했다"고 비난한다.

　나는 그의 반역적 역사관을 용납할 수 없다. 색깔론이라니! 과거 남로당이나 김정은 세력과 똑같은 주장을 하다니 그 무슨 망언인가! 그의 허무맹랑한 주장은 끝이 없다. 사드 배치를 구한말 한반도를 침략한 일본에 비유한다. 그의 머릿속에는 한국은 미국의 식민지라는 인식이 박혀 있는 게 분명하다. 이 또한 주사파적 사고방식이다.

　이런 시대착오적인 역사관을 갖고 있는 자가 여권의 유력 대선 후보로 활개 치는 나라가 대한민국이다. 이 부끄럽고 수치스러운 상황을 타개할 힘은 국민에게 있다. 국민의힘이 분발하여 국민과 함께 투쟁해야 한다. 투쟁하지 않는 한 악을 몰아낼 방도는 없다. 7.5.

## 진실을 위한 절체절명의 투쟁

중앙선관위 상임위원 조해주가 임기 6개월을 남겨두고 비밀리에 사표를 제출했다. 그는 문재인 캠프 출신으로 중앙선관위의 중립성을 여지없이 허물어 온 사람이다. 지난 4·15선거 부정 의혹의 중심에도 그가 있다. 지난 재검표에서 건강한 상식으로는 도저히 받아들일 수 없는 부정 선거의 증거들이 발견되었다.

이러한 중대한 범죄혐의가 인천지검에 고발되었고, 검찰은 즉각 수사를 개시했다. 검찰의 수사는 지극히 당연하지만, 작금의 상황에서 볼 때 용기 있는 결단이 아닐 수 없다. 칼을 뽑아 든 검찰이 명명백백하게 사실을 규명해 주기 바란다.

의지만 있다면 그리 어려운 수사도 아니다. 시간이 길게 걸릴 사안도 아니다. 과거 조국 비리를 수사할 때의 의지와 결단력이라면 빠른 시간 안에 부정 선거의 실체를 내놓을 수 있을 것이다. 그래야 대법원도 판결을 내릴 것 아닌가.

보수 야당과 언론들은 더 이상 침묵의 카르텔에 머무를 이유가 없다. 이 상황을 직시하고 스스로 진실과 정의를 위한 투쟁에 나서야 한다. 지금 선거 부정에 악용될 수 있는 모든 틀을 제거하지 않는다면 다음 대선의 승리도 장담할 수 없다. 진실을 위한 투쟁은 늘 절체절명이다. 7.19.

## 2. 정권교체는 시대적 사명이다

**행운의 여신은 용감한 자의 손을 들어준다**

정당은 정치적 가치를 위해 투쟁하는 집단이다. 대선은 투쟁을 결산하는 치열한 전쟁이다. 전쟁에서 이기면 정권이라는 권력의 성을 차지하고 자신들이 믿는 정치적 가치를 구현해 국리민복에 기여하게 된다. 우리는 벌써 대선 전쟁에 깊숙이 들어섰다.

전쟁의 승패는 전쟁의 의지와 능력, 전략 그리고 군대의 사기와 지휘관의 통솔에 달려있다. 현재 권력의 성주는 민주당 주사파 세력이다. 문재인을 계승할 후보를 뽑고 있는 중이다. 그들이 동원할 수단은 끝이 없다. 법과 상식은 그들 안중에 없다. 국가재정을 허물어 온갖 매표 행위를 서슴지 않을 것이다. 권력을 악용해 온갖 부정을 저지르고 공작을 펼칠 것이다.

원래 정치전쟁에서는 외세를 끌어들이면 불법이다. 미국 대선도 외세 스캔들로 시끄럽지만, 문 정권의 외세공작은 훨씬 더 치열할 것이다. 중국과 북한, 두 공산주의 정권과 합세할 게 틀림없다. 우리 당은 어떤 전략으로 응수할 것인가? 문제가 얼마나 심각한지, 인식은 하고 있는지 궁금하다.

국민의힘은 비대위 체제로 1년을 허송세월했다. 곧 치러질 대통령 후보 경선은 치열할수록 좋다. 경선 과정에서 잠들었던 야성, 불같은 투쟁의지가 깨어나야 한다. 전쟁에 요행은 없다. 싸우지 않는 군대에게 성문을 열고 권력을 내줄 정권은 없다. 마키아벨리『군주론』에 이런 구절이 나온다. "행운의 여신은 집요하게 매달리고 용감한 자의 손을 들어준다." 8.4.

## 문재인은 대장동 비리의 몸통을 수사하라

마침내 판도라 상자의 뚜껑이 열렸다. 이재명의 지휘 아래 대장동 개발을 설계하고 추진할 때 실무책임자로 일하던 유동규가 구속됐다. 한번 열린 판도라 상자는 그 안에 서식하던 온갖 마귀와 악령이 다 사라지기 전에 다시 닫힐 수 없다. 이재명은 유동규가 측근이 아니라고 발뺌하기 바쁘다. 제 발이 저리기 때문이다.

거대한 대장동 프로젝트를 진행할 때 유동규를 최고 실무책임자로 앉힌 게 이재명 아닌가? 그보다 더 가까운 측근이 어디 있는가? 국민은 문 정권의 의지를 주시하고 있다. 이재명이 대장동 비리의 몸통이라는 것은 삼척동자도 알 일이다.

이재명은 이미 여당 대통령 후보 지명을 눈앞에 두고 있다. 그에게 원칙대로 검찰의 칼이 들어가면 여권은 대혼란에 빠지고 대선 가도에 빨간불이 켜질 것이다. 그렇다고 진실 앞에 눈을 감고 변죽만 울리며 몸통을 보호하려 한다면 국민의 분노가 해일처럼 밀려닥칠 것이다.

이럴 때 되새겨야 할 경구가 있다. 사즉필생 死卽必生. 문 정권은 지금이라도 정도를 걸어야 한다. 원칙대로 수사하고 진실을 두려워하지 말아야 한다. 이재명의 파렴치한 궤변에 국민이 굴복할 가능성은 제로다. 이재명을 두려워하지 말고 국민을 두려워해야 한다. 국민은 부릅뜬 눈으로 검찰의 칼과 문재인의 의지를 주시하고 있다. 10.4.

## 승자의 포용력으로 원팀을 구성하자

1860년, 미국은 가공할 위기에 직면했다. 노예제도 폐지를 둘러싸고 갈등이 격화되어 내전 일보 직전이었다. 노예를 해방하고 산업대국의 미래로 가느냐, 이를 포기하고 3류 농업국가에 머무느냐? 미국의 통합이냐, 미국의 분열이냐? 미국은 역사적 갈림길에 서 있었다. 11월 선출되는 대통령이 미국의 운명을 감당해야 했다.

치열한 경선 끝에 가장 투철한 노예 해방론자가 공화당 후보로 뽑혔다. 에이브러햄 링컨은 무거운 소명을 받들기 위해 탈락한 세 명의 경선 후보들을 하나의 팀으로 포용했다. 함께 대선을 승리로 이끌고, 원팀으로 국정을 운영했다. 2등 패자에게는 국무장관, 3등 패자에게는 재무장관, 4등 패자에게는 상무장관 자리를 맡겨 4년 임기를 함께 했다.

2021년, 우리는 모든 국면에서 위기를 맞고 있다. 내년 3월에 선출되는 대통령은 절체절명의 위기를 극복하고 대한민국을 살려야 한다. 우리 당 윤석열 후보가 무거운 소명을 받들 경선의 승자가 된 지 8일이 지났다. 그는 무슨 구상을 하고 있을까?

각계 세력이 각축하는 대선판에 킹 메이커라는 마법사는 없다. 철학과 신념으로 굳게 뭉친 원팀만이 주사파 세력의 공작을 이겨내고 대선 승리를 쟁취할 수 있는 유일한 길이다. 원팀의 성공 여부는 오직 경선 승자의 의지와 열정에 달려 있다. 승자의 담대한 포용력을 기대한다. 11.13.

## 대선 방정식의 가장 큰 변수는 청년층 표심

이번 대선은 이념전쟁이다. 문 정권의 이념 기반은 주체사상이다. 주체사상의 역사관, 가치관이 문 정권 폭주의 근원이다. 주사파 폭정을 종식하느냐, 이재명의 손을 거쳐 더 잔혹한 폭정으로 악화되느냐? 이것이 이번 대선의 역사적 의미다.

국민의힘 대선 후보는 이념전쟁을 승리로 이끌어야 할 최고사령관이다. 전쟁 지휘사령부라 할 선대위가 오늘 출범한다. 주사파와 정면으로 대결해 승리를 쟁취하고 나라를 쑥대밭으로 만든 주사파 이념 세력을 척결할 의지와 전략, 투지와 열정으로 단단히 무장해야 한다.

이번 대선은 세대 간의 대결이다. 젊은 세대와 기성세대, 기득권과 반기득권의 대결로 승패가 좌우될 것이다. 고착화된 지역구도는 상수가 된 지 오래라 더 이상 변수가 아니다. 2030은 디지털 세대다. 아날로그에 익숙한 기성세대와 달리 직관적이고 미래지향적으로, 역동적으로 행동한다.

젊은 세대는 경제적, 사회적으로 뿌리를 내리지 못해 기득권에 대해 저항적이다. 지난 총선까지 그들 눈에 비친 기득권은 보수세력이었다. 그들은 민주당을 찍었다. 그러다 조국 사태를 겪으며 그들 시야에 새롭게 들어온 기득권이 진보의 탈을 쓴 주사파 세력이다. 서울, 부산 시장 선거에서 그들은 국민의힘을 찍었다. 대선에서도 그들이 몰려가는 곳이 이긴다는 것은 기초적인 정치 방정식이다. 12.6.

## 선거로 민주주의 꽃을 피우려면

고대와 중세의 폭군은 세습을 통해 집권했다. 근현대의 폭군은 대부분 쿠데타나 혁명을 통해 등장했다. 선거를 통해서도 폭군은 등장한다. 히틀러가 대표적이다. 그는 역사상 가장 민주적 헌법이라는 바이마르공화국 헌법을 통해 권력을 장악하고 폭정으로 직진했다.

사회주의적 포퓰리즘으로 베네수엘라를 생지옥으로 만든 차베스나 마두로도 선거로 권력을 잡았다. 때아닌 주체사상으로 국정을 농단한 문재인도 선거를 통해 대통령이 되었다. 민주주의 꽃인 선거가 언제나 좋은 열매만 맺는 것은 아니다. 때로는 나라와 국민을 죽이는 독 묻은 과일을 맺을 수도 있다.

이번 대선은 그래서 더 중요하다. 이재명은 분명 문재인을 뛰어넘어 평양으로, 베이징으로 질주할 것이다. "경제는 정치다." 그는 이렇게 선언했다. 경제는 생산과 분배가 이루어지는 영역이다. 정치가 생산과 분배를 틀어쥐는 것이 바로 공산주의 계획경제다. 그는 끔찍한 말을 아주 쉽게 하고 있다.

말을 바꾸는 데도 선수다. "존경하는 박근혜 대통령"이라고 했다가 지지층에서 난리가 나니까 바로 그 말을 뒤집었다. 도리어 그 말을 곧이곧대로 믿은 사람들을 바보 취급하였다. 우리 국민이 정신을 똑바로 차리는 수밖에 없다. 그래야 이번 대선이 진정한 민주주의 꽃을 피울 수 있다. 12.9.

## 당선시키고 보자는 배짱으로 권력을 동원하는 정권

문 정권이 주택보유세를 1년간 올해 수준으로 동결할 것을 검토하고 있다. 이재명과 한통속이 되어 "부자 증세"를 밀어붙였던 때와 달리 안면을 바꾸었다. 검은 속내를 굳이 숨기려 하지도 않는다. 공공요금을 동결하고, 30인 미만 사업장에 대하여 내년 3월까지 보험료와 전기, 가스 요금의 납부를 미루어 주기로 결정했다.

내년 3월은 대선이 치러지는 달이다. 선거가 없다면 그런 정책집행의 유연성을 굳이 비난할 필요는 없다. 그러나 대선 승리를 위해 그런 편법을 동원한다면 이는 중대한 부정 선거다. 이재명은 중과세의 선봉에 섰던 장본인이다. 그러던 사람이 후보가 되자 편법을 강요한다. 당선하고 보자는 배짱으로 국가권력을 동원하는 불법이다.

문 정권은 생태적으로 선거 부정 DNA를 갖고 있다. 은밀하게 드루킹 사건을 저지르고, 경찰과 행정력을 동원해 울산시장 선거에 개입했다. 총선 당시 저질러진 부정 의혹은 대법원이 2년 가까이 손도 대지 않고 있다. 선거 후 6개월 안에 끝내야 할 재판을 지금까지 깔아뭉개는 대법원의 뒤에 문재인이 있다.

문 정권이 내년 대선을 집어삼키기 위해 대놓고 부정 선거를 획책하는 모습을 우리는 지금 목도하고 있다. 이 땅의 주권자인 국민은 저자들의 불법을 용납해서는 안 된다. 단호하고 무섭게 심판해야 한다. 12.21.

## 4차 산업혁명 선두에서 통일의 길을 여는 새해 첫날

임인년 새해가 밝았다. 우리 모두 희망을 키우는 한 해가 되기를 소망한다. 나라의 운명을 가르는 선거가 석 달 뒤로 다가왔다. 반드시 정권을 교체해야 한다. 자유의 바람을 타고 경제는 성장하며 사회가 통합하는 새 시대를 열어야 한다. 그래야 일자리가 풍성하게 만들어지고 사람들의 삶이 윤택해진다.

무엇보다 청년들이 스스로 힘으로 미래를 설계할 수 있어야 한다. 분열과 갈등을 녹여 화합하고 통합하는 사회가 되어야 한다. 서로 적대하며 갈라진 깊은 상처를 치유해야 한다. "집단지성" 운운하며 사람들을 편 가르고 사회를 갈기갈기 찢어놓은 저 나쁜 주사파 세력의 폭주를 여기서 중단시켜야 한다.

이재명은 문재인보다 더 지독한 포퓰리즘과 주사파 이념으로 무장한 인간이다. 선량한 표심을 훔치기 위해 보수 행세까지 서슴지 않는다. 속이는 자는 나쁘고, 속는 사람은 어리석다.

우리는 속지 말아야 한다. 당당하게 심판하고 새 질서를 만들어야 한다. 바로 우리가 이 땅의 주권자 아닌가! 나는 새해 첫날 우리나라가 다시 일어서서 4차 산업혁명의 선두에 서고 통일의 큰길을 여는 미래를 꿈꾼다. 그리고 간절히 기도한다. 2022. 1. 1.

## 대선은 국가와 국민을 지킬 강력한 정권을 세울 기회

이틀 전 마하10 극초음속 미사일을 발사한 북한이 오늘 또 단거리 탄도 미사일 두 발을 발사했다. 미국과 일본 등 국제사회가 불법 도발로 규정하고 맹비난하지만, 북한은 들은 척도 하지 않는다. 문재인은 도발이라는 말도 꺼내지 못한다.

적이 우리를 향해 칼 가는 소리가 요란하다. 칼은 몰래 가는 법이지만, 북은 일부러 요란하게 떠든다. 정상적인 대통령이라면 국민이 안심할 수 있도록 대응해야 한다. 국제사회와 보조를 맞추어 도발을 규탄하고 핵과 미사일을 어떻게 방어할 것인지 대책을 세워야 한다.

문재인은 전혀 그런 대응책을 내놓지 않는다. 그저 대화를 애걸할 뿐이다. 북은 왜 핵과 미사일을 고도화하는가? 목적은 오직 하나. 대한민국을 미국에서 떼어낸 다음 핵 인질로 삼아 압도하려는 속셈이다. 세상이 다 아는 명백한 사실을 문재인만 모른다.

이재명은 문재인보다 한술 더 뜨는 사람이다. "북이 침략하면 적극 호응해 남의 전략시설을 파괴하자"고 선동한 이석기 등 통진당 경기동부연합 세력과 손을 잡고 있기 때문이다.

대선에서 나라와 국민을 지킬 강인한 정권을 세워야 한다. 도요토미의 칼 가는 소리를 듣지 못해 나라가 잿더미로 변했던 역사를 되풀이해서야 되겠는가. 1.14.

## 거짓 평화로 국민을 속이려는 세력을 심판하자

거짓말로 속여 돈을 뜯어내는 사람을 사기꾼이라고 한다. 현란한 거짓말로 표를 훔치는 사람은 무엇이라 부를까? 어제 강원도에 간 이재명은 사람들을 모아놓고 자신만이 안보를 튼튼히 할 수 있다며 열변을 토했다.

경제는 먹고 사는 문제지만, 안보는 죽고 사는 문제다. 그가 내뱉는 말의 반은 새빨간 거짓말이다. 그는 얼마 전 "반드시 사드 기지를 철거하겠다"고 선언했다. "전제조건이고 뭐고 따질 것 없이 바로 전시작전통제권을 환수하겠다"는 선언도 했다.

그가 집권한다면, 한미동맹은 해체되거나 종이호랑이가 될 것이 분명하다. 북이 핵과 미사일 역량을 강화해 실전배치하고 있는 상황에서 한미동맹을 휴지조각으로 만들겠다고 큰소리치는 게 이재명이다.

그가 떠드는 안보는 중국의 위협에 굴종하고 북의 공갈에 끌려가는 거짓 평화다. 그것은 안보도 아니고 평화도 아니다. 구한말 일제에 나라를 바친 매국노들과 다를 바 없다.

이번 대선에서 거짓 평화, 거짓 안보를 내세워 국민을 속여온 세력을 심판해야 한다. 거짓을 진실보다 더 진실처럼 말하는 세 치 혀에 결코 속아서는 안 된다. 그래야 우리 국민, 우리 민족이 진정한 안보, 진정한 평화를 누릴 수 있다. 1.16.

## 이재명 대 윤석열, 선택은 자명하다

북이 미사일 불장난을 멈추지 않는다. 한 달 동안 7차례나 도발했다. 마지막 도발은 이미 실전 배치된 중거리 탄도미사일이었다. 괌의 미군기지가 그 사정권에 들어 있다. 조만간 미 본토를 사정권으로 하는 대륙간 탄도미사일 도발이 예상된다.

미국은 제재와 협상카드를 꺼내 들고 있다. 제재는 먹혀들지 않는다. 보상을 수단으로 하는 협상도 통하지 않는다. 이미 수십 년의 쓰라린 경험이 이를 말해 준다. 북의 위협에 맞서 우리 안보를 어떻게 지킬까? 다음 대통령의 최대 과제가 이것이다.

이재명은 북의 고고도 미사일 방어를 위해 설치한 사드 기지를 무조건 즉각 철거하겠다고 선언했다. 윤석열은 사드 추가 배치를 선언했다. 북의 공격이 임박할 경우 선제공격으로 무력화하는 전략을 세우겠다고 약속했다.

이재명은 중국의 보복으로 경제가 파탄되고 북과 전쟁이 터져 젊은이들이 희생된다며 우리 후보를 비난했다. 이재명의 행태는 패배주의 그 자체다.

중국의 보복이나 북의 침략을 두려워하면 결국 보복과 침략을 불러들이게 된다. 이것이 역사가 주는 교훈이다. 2차대전 직전 서방 지도자들이 히틀러의 위협에 굴복해 비굴한 미소를 짓다가 어떤 비극을 맞았는지 상기해 보라.

우리는 북의 위협에 단호하게 맞서야 한다. 중국의 무도한 보복도 용납해서는 안 된다. 안보는 힘이 있을 때 가능한 것이다. 한미동맹은 힘의 균형을 떠받치는 중심축이다.

북의 도발 위협에 추파를 던지고 한미동맹에 침을 뱉는 이재명이 국가의 안보와 국민의 생명을 지킬 수 있을까? 이는 언어도단이다. 우리의 운명을 패배주의자에게 맡겨서는 안 된다. 2.2.

## 자유 보수우파 세력이 해야 할 일

윤석열 후보가 문재인 정권의 적폐 수사를 언급하자 문재인이 불같이 화를 냈다. 선거에서 엄정한 중립을 지켜야 할 대통령이 대선 전쟁에 직접 뛰어든 것이다. 미련해서일까, 노림수가 있어서일까? 윤 후보가 언급하지 않는다고 과연 그가 무사할까?

정권교체가 되면 문 정권이 저지른 불법과 비리는 진실이 드러나는 대로 법의 심판을 받게 될 것이다. 누구나 법 앞에 평등하기 때문이다. 문재인의 분노는 친문 세력에게 보내는 강력한 신호탄이다. "이제 총결집의 시간이 왔다. 이재명을 중심으로 뭉쳐 우파 세력을 타도하자." 문재인은 총진군의 나팔을 불기 시작했다.

자유 보수우파 세력은 어떻게 대응할 것인가?

좌파들보다 더 강인한 투지로 맞서 싸워야 한다. 문 정권의 불법을 폭로하고 반드시 심판하겠다는 의지를 선명하게 내세워야 한다. 그래야 문 정권의 폭정에 신음하며 정권교체를 열망하는 국민을 하나로 모을 수 있다. 국민의 분노를 대변하고 국민의 용기를 끌어내지 않고 승리할 길은 없다. 2.11.

# 3. 더 크고 더 강한 나라를 위하여

**위대한 대한민국의 새로운 출발선**

대한민국의 운명을 결정할 결전의 날이 밝았다. 주권자인 국민에게 결단의 시간이 다가왔다. 악한 정권을 심판하고 선한 정권을 세우는 날, 낡은 세력을 몰아내고 창조적인 세력이 역사의 주역으로 다시 등장하는 날이다.

국가의 주인인 국민에게 두려움은 없다. 싱그러운 봄의 대기가 칙칙한 겨울 대기를 밀어내듯 박차고 나가면 된다. 강물처럼 유구하게 흐르는 것이 역사의 법칙이다. 오늘 밤 승리를 확인하기 위하여 우리 모두 위대한 대한민국의 새로운 출발선에 서자. 3.9.

## 더욱 겸손하게, 더욱 용감하게

오, 역사의 신이시여, 우리 조국 대한민국이 희망의 끈을 놓지 않게 해주셔서 감사합니다!

나는 밤새도록 피 말리는 접전을 지켜보았다. 새벽 4시경 전국 개표 95%가 넘도록 0.8% 격차가 유지되어 승리를 확신하고 잠시 눈을 붙였다.

눈부신 아침이다. 더욱 겸손하게, 더욱 용감하게, 우리 앞에 놓인 과제들을 풀어나가야 한다.

항로가 험할수록 더 강력한 추진력이 필요하다. 뜻이 있는 곳에 길이 있다. 간절히 구하면 강력한 에너지를 충전할 수 있다.

국민의 여망 이외에 어떤 것도 두려워하지 마라! 두려움은 우리를 약하게 하고 적들에게 빈틈을 제공한다.

지금부터 진정한 투쟁이 시작된다. 그 투쟁에서 승리하여 희망의 역사를 창조해야 한다. `3.10.`

## 변화를 열망하는 국민의 뜻

대선이 끝나자마자 언론이 내세우는 화두는 협치와 통합이다. 그런데 그 화살의 방향이 모호하다. 정권을 교체한 쪽인가, 아니면 교체당한 쪽인가? 협치가 아닌 독주, 통합이 아닌 분열로 폭정을 저질러 국민의 심판받은 쪽은 이재명을 비롯한 민주당 정권이다.

그쪽을 향해 지금이라도 반성하고 협치와 통합의 정신으로 돌아오라고 촉구하는 것인가? 그렇다면 문제가 없다. 그러나 폭정에 저항하고 투쟁하여 새로 정권을 잡은 윤석열 당선인과 국민의힘에 요구하는 것이라면, 거기에는 심각한 문제가 있다.

이재명, 문재인 그리고 민주당 세력이 대선에 졌다고 마음을 180도 바꾸어 새 정권의 국정운영에 협력하고 국민 편 가르기를 포기할 가능성은 1%도 없다. 이제 막 선거에서 이긴 당선인에게 협치와 통합을 요구하는 것은 방향을 잃은 화살과 다름없다.

새 정부에 필요한 것은 비정상을 바로잡아 공정과 상식의 사회로 만드는 일이다. 온갖 저항을 뚫고 새롭게 열린 정상의 지평 위에서 비로소 협치와 통합은 시작될 수 있다. 지금 언론이 노래하는 협치와 통합은 자칫 새 정부의 방향과 목표를 약화할 위험이 있다. 좋은 것이 좋다는 생각은 온정주의, 그 이상도 이하도 아니다. 변화를 열망하는 국민의 진정한 뜻을 받들어야 한다. 3.12.

## 박 대통령의 새로운 성취를 위하여

박근혜 대통령이 일상으로 돌아왔다. 병원을 나서는 모습은 아직도 초췌하지만, 말과 발걸음은 그런대로 힘찬 모습이라 여간 다행이 아니다. 충격적인 탄핵과 장기 구속은 개인의 불행을 넘어 한국 현대사의 또 하나의 비극이다.

사실 박 대통령은 탄핵으로 쫓겨날 만큼 잘못을 저지르지 않았다. 사람을 죽이거나 고문한 일이 없다. 남의 돈을 챙긴 부패와도 거리가 멀다. 국가위기를 초래한 과오도 없다. 닉슨처럼 치명적 거짓말을 하지도 않았다.

그러나 좌파 세력들은 온갖 선동으로 불을 붙이고 보수 언론까지 기름을 부었다. 끝내 여당 의원의 절반 넘는 사람들이 등을 돌림으로써 탄핵의 마침표를 찍었다. 그뒤 정치보복이 뒤따랐다.

우리에게는 과거를 되돌릴 길이 없다. 무슨 말을 하든 과거의 객관적 사실이 바뀌는 것도 아니다. 시간은 무심히 흘러갔고, 우리는 냉엄한 현실 앞에서 미래를 응시할 뿐이다.

박 대통령의 가슴 속에서 끓고 있을 분노와 회한도 미래를 위한 에너지로 승화시키는 길 이외에 다른 방도가 없다. 긴 겨울 동안 동토 속에서 잠들었던 뿌리가 다시 깨어나 봄의 꽃을 피워내듯, 또 다른 성취와 성찰의 시간을 위해 기도한다. 3.24.

## 반성을 모르는 문 정권의 횡포

문재인 정권의 횡포는 끝이 없다. 냉엄한 심판을 받았음에도 아랑곳하지 않는다. 검찰 수사권을 완전 박탈한다는 '검수완박' 법안을 4월 안에 강행한다고 으름장이다. 새 대통령이 취임하면 거부권 행사가 기다리기 때문에 그 전에 처리한다는 것이다.

검찰의 수사권은 검찰의 존재 이유다. 이를 박탈하려면 검찰제도 자체를 폐지하는 편이 낫다. 그러나 그것은 헌법 개정이 필요하다. 비가 새면 집을 고치면 되는데 아예 집을 허물겠다는 것이 민주당의 논리다. 개혁이 아니라 반헌법적 폭력이다.

검찰의 존립 근거는 국민의 인권을 수호하고 사법 정의를 세워 나라를 평안하게 하는 것이다. 검찰의 칼을 빼앗으려는 것은, 문재인 정권 5년 동안 저지른 비리를 은폐하고 대선 과정에서 불거진 대형 비리를 덮으려는 얄팍한 수작이라는 사실을 모르는 국민은 없다.

문재인과 민주당은 법 앞에 평등하다는 민주주의의 기초원리를 받아들여야 한다. 하늘 무서운 줄 모르고 날뛰는 모습이 가관이다. 반성은 고사하고 새로운 분란을 일으키는 꼴이 가련하다.

정권을 잡았다고 권력의 칼을 난폭하게 휘두르는 것은 금물이다. 그러나 정당하고 정의롭게 불법을 정리하는 것은 새 정권의 신성한 의무다. 4.12.

## 주사파의 야바위 근성

미국 대통령 바이든이 서울을 공식 방문한다. 일본을 먼저 방문한 다음 한국에 오는 것이 상례였는데, 이번에는 순서가 거꾸로다. 윤석열 정부가 추구하는 자유민주주의 가치 중심 외교정책을 새롭게 평가하는 시각이 담겨 있는 것 같아 든든하다.

주사파 정권은 한미동맹의 기둥에 얼마나 도끼질을 했던가! 바이든의 방문을 계기로 한미동맹이 군사 안보로부터 경제 분야에까지 확대 강화될 전망이다. 자유와 민주를 추구하는 나라로 발전을 거듭하고 통일로 나아가려면 한미동맹은 강화되어야 한다.

어제까지만 해도 바이든이 서울에서 문재인을 만나는 것으로 되어 있었다. 의아했다. 정상회담을 위해 방문하는 대통령이 그 나라 야당 인사를 만나는 것은 외교관례에 벗어나는 일이다. 하물며 문재인은 한미동맹에 온갖 상처를 낸 당사자 아닌가!

아침 신문을 보니 백악관은 문재인을 만날 계획이 아예 없다는 보도가 눈에 띄었다. 문재인 쪽에서 마치 면담 약속이 성사된 것처럼 흘린 것이 분명하다. 그들의 야바위 근성은 끝이 없다. "조용히 잊혀지고 싶다"던 문재인이 뒷구멍으로 이런 짓을 하다 본인뿐 아니라 나라의 체면까지 구기다니 씁쓸하기 짝이 없다. 5.20.

## 총알보다 강한 투표의 힘

　막 투표를 마쳤다. 링컨이 말했던가. "투표는 총알보다 강하다." 이번 지방선거는 지역일꾼을 뽑는 것 이상의 정치적 의미를 내포하고 있다. 불과 석 달 전 국민은 정권교체를 단행했다. 그러나 문재인과 이재명이 이끄는 주사파 세력은 고개를 빳빳이 들고 윤석열 정부의 앞길을 가로막는 데 혈안이다.

　검찰의 수사권을 박탈해 자신들의 비리를 덮으려 횡포를 부린다. 이재명은 불체포특권을 누리려고 민주당 아성에서 치러지는 보궐선거에 출마했다. 앞으로 2년간 바꿀 수 없는 국회 다수 의석을 무기로 저자들의 횡포가 어디까지 이어질지 가늠조차 할 수 없다.

　총알보다 무서운 투표로 주사파들이 국민의 뜻에 순종하도록 해야 한다. 오늘이 바로 그 순간이다. 나는 지난 2주간 내 고향에 내려가 주민들과 소통하며 국민의힘을 응원했다. 주민들의 의지도 강했다. 이제 표로써 확인하는 일만 남았다.

　한 방울 한 방울의 빗물은 힘이 없다. 그러나 그것이 모여 강을 이루면 평야를 적시고 사람들을 살찌운다. 큰 강을 이루는 빗방울 같은 투표가 쏟아져 나라를 부강하게, 국민을 행복하게 만드는 역사의 강이 이루어지기를 소망한다. 6.1.

## 엄정한 법적 대응으로 노동개혁의 불을 댕겨라

물가는 오르고 성장률은 떨어진다. 여기저기서 경고음이 들려온다. 우리나라뿐 아니라 전 세계가 난리다. 세계은행은 글로벌 경제가 스태그플레이션에 빠져 조만간 제로성장에 이를 것으로 전망하고 있다.

이 와중에 화물연대가 집단행동으로 물류를 마비시켜 우리 경제의 숨통을 조이고 있다. 엎친 데 덮친 격이다. 정부는 무관용의 원칙 아래 엄정한 법적 대응을 강조했다. 옳은 방향이다. 강성노조의 불법 행동에 눈을 감고 방조하던 문 정권과 어떻게 다른지 분명히 보여주어야 한다.

화물연대는 상대를 폭력으로 압도해 사업을 망가뜨리고 여러 사람에게 고통을 안겨준다. 자신들의 차량으로 사업장 입구를 틀어막아 물류를 봉쇄시키는 짓도 서슴지 않는다. 파업 참여를 거부하는 다른 조합원들까지 일을 못 하도록 가로막는다. 이런 폭력이 노동시장을 교란하고 우리 경제를 파괴로 몰아넣고 있다.

문 정권 5년은 암흑천지였다. 이번 화물연대의 불법 행동도 그 연장선 위에 있다. 근본적 해법은 노동개혁이다. 정부는 이 사태를 노동개혁에 불을 붙이는 계기로 삼아야 한다. 배후의 강성노조 실태를 파악하고 노동시장의 새로운 틀과 질서를 만들지 않는 한 이런 혼란은 근본적으로 치유할 수 없다는 사실을 깨달아야 한다. 6.9.

## 김정은의 사과문 파동과 문 정권의 본질

 서해 공무원 피살사건의 진상이 떠오르고 있다. 그런데 아주 중대한 의혹이 묻히고 있어 답답하다. 사건이 터졌을 때 김정은을 향한 우리 국민의 분노는 하늘을 찌를 듯 폭발했다. 당황한 사람은 문재인이었다. 더 이상 김정은과 짝짜꿍이 되어 위장 평화쇼를 할 수 없는 상황으로 치달았기 때문이다.

 사건 발생 며칠 후 청와대가 김정은의 사과문을 발표했다. 그런데 그 사과문의 용어 가운데 북이 사용하지 않는 것들이 여기저기서 드러났다. 그러자 이번에는 그 용어를 바꾼 새로운 사과문 두어 개가 새로이 등장했다. 참으로 괴이한 일이다.

 나의 합리적 추론은 이렇다. 초조한 문재인이 북과의 비밀창구를 담당하는 기관에 지시하여 북에 사과가 필요하다고 요청하였을 것이다. 간청을 받은 김정은 측에서 구두로 적당한 선에서 사과인지 변명인지 모를 내용을 전달했을 것이다. 발표된 사과문은 이를 바탕으로 우리 기관이 작성하였을 것이다.

 만일 나의 추론이 사실이라면, 이는 가공할 국민 기만이며 중대한 범죄행위가 아닐 수 없다. 가짜 문건의 진실을 밝히는 것은 아주 간단하다. 누가 청와대에 사과문을 전달했는가? 왜 최초 사과문을 수정한 새 버전이 출현했는가? 이 기회에 문 정권의 본질을 밝혀야 한다. 6.24.

## 해군을 동원해 김정은 작전을 대행한 중대 반역사건

국정원이 박지원과 서훈을 고발했다. 박지원은 펄펄 뛰고 서훈은 미국으로 도피했다. 세계 어느 나라에서 이런 일이 있을까? 박지원은 서해 공무원 피살사건 첩보를 삭제하고, 서훈은 귀순 어부 조사를 강제로 종료시킨 다음 북송했다는 것이 그들이 받고 있는 혐의다.

서훈이 원장이던 2018년 12월 20일 동해에서 어마어마한 사건이 벌어졌다. 우리 구축함이 일본 초계기를 향해 레이더를 쏘았다. 한일 간의 외교문제로 비화했다. 공해상에서 우리 구축함과 일본 초계기가 왜 충돌했을까? 우리 해군의 대표격인 광개토함이 무슨 작전을 하고 있었을까? 일본 초계기는 그 해역에서 무엇을 수색하고 있었을까?

2020년 9월 일본 자위대 전 통합막료장 가와노 가쓰토시가 사실을 폭로했다. 김정은에 대한 암살 기도에 실패한 음모 가담자 중 4명이 목선을 타고 일본으로 탈출 중이었다. 북한이 한국에 이 사실을 알렸고, 문재인 정부가 광개토함을 출동시켜 목선을 나포한 다음 거기 타고 있던 북한인 3명과 시신 1구를 북에 넘겼다는 것이 폭로의 요지다.

그의 말이 사실이라면 우리 해군을 동원해 김정은의 작전을 대행한 중대 반역사건이다. 사실 여부를 검증하는 일은 어려울 것이 없다. 우리 해군이 어떤 경로로 작전명령을 받아 함정을 출동시켰고, 그 목선에 누가 타고 있었으며, 그들을 왜 북에 넘겼는지 밝히면 된다. 신속히 진상을 밝혀 관련자들을 엄중히 문책해야 한다. **7.7.**

## 문재인은 엽기적 사건의 진상을 밝혀라

　어선을 타고 귀순한 청년 두 명을 극악무도한 살인자로 누명을 씌워 김정은에게 넘겨준 엽기적 사건의 진상이 연일 드러나고 있다. 통일부가 공개한 열 장의 사진이 참혹한 진실을 말없이 웅변해 준다. 그들은 살인자가 아니라 북한체제에 저항한 청년들이다. 문 정권이 그들을 취조한 녹음파일을 공개하면 될 일이다.

　나는 그 순간을 기다린다. 도대체 문 정권은 어디서 그들이 16명을 살해했다는 이야기를 주워 들었는가? 김정은이 던진 가짜 미끼를 문재인이 덥석 물었을 가능성이 100%다. 진실을 말해줄 유일한 증거물인 선박을 불태우려다 깨끗이 소독한 다음 허겁지겁 북한에 넘겨준 사람이 문재인이다. 그 청년들이 처형되었을 것은 의문의 여지가 없다.

　안보실장이던 정의용은 자기가 북송을 결정했다고 말하고, 통일장관이던 김연철은 당연히 대통령 문재인에게 보고했다고 말한다. 사태가 이 지경에 이르렀다면 문재인이 입을 열 차례다. 거부할 수 없는 명령 없이 두 명의 청년을 죽음으로 몰아넣을 공직자가 어디에 있겠나?

　문재인은 한 인간으로서, 대한민국을 이끌던 대통령으로서, 입을 열고 진실을 고백해야 한다. 그리고 그 행동에 걸맞은 형벌을 받아야 한다. 그것이 그가 할 수 있는 마지막 도리다. 비겁한 자의 침묵이 길어지면 적법하게 입을 열도록 강제해야 한다. 7.14.

## 노동개혁 없이는 밝은 미래를 열 수 없다

사람을 납치하여 인질로 잡고 무엇을 요구하는 강도를 인질범이라 한다. 인질의 생명 때문에 인질범과 협상도 하고 양보도 한다. 그렇지만 인질범의 법적 책임은 그대로 남는다. 그것은 협상의 대상이 아니다.

기업을 폭력으로 점거하여 업무를 담보로 잡고 이권을 요구하는 범죄는 인질범과 다를 바 없다. 그런 폭력은 파업도 아니고 노동운동도 아니다. 적나라한 범죄일 뿐이다.

화물연대에 이어 금속노련의 범법자들이 정부와 협상 끝에 이런 저런 타협을 한 모양이다. 하지만 범법자들의 법적 책임은 사라지지 않는다. 정부는 추상같이 그 책임을 추궁해야 한다. 그래야 노동시장이 다시 숨을 쉬게 된다.

노동개혁의 출발은 노동시장에서 무법과 불법을 몰아내는 것이다. 그 바탕 위에 비로소 새로운 노동질서를 세울 수 있다. 노동개혁은 정부가 국민의 여망과 시대의 요구를 받들어 결단하는 개혁이다. 많은 고통과 저항을 극복해야 한다. 노동개혁 없이는 산업의 밝은 미래를 열 수 없다. 7.23.

## 너무도 당연한 경찰의 문민통제

행안부 안에 경찰국 신설을 반대하는 경찰들의 목소리가 높다. 군과 검찰, 경찰은 물리적 강제력을 행사한다. 적절한 문민통제가 필수적이다. 마오쩌둥까지 "펜이 칼을 지배해야지 칼이 펜을 지배할 수 없다"고 말한 것은 그 때문이다.

군은 국방부가 통제하고, 군정과 군령을 분리해 운용하고 있다. 법무부는 검찰국을 통해 검찰을 통제한다. 행안부 안에 경찰국을 두고 경찰에 대한 문민통제를 하는 것이 무슨 문제가 있는가?

경찰이 수사권 일부를 담당하는 조직으로 확대되면 문민통제의 필요성은 더 커진다. 그런데 왜 일부 경찰은 반발하는가? 경찰이 사법부처럼 독립된 기관이라고 착각하는 것인가?

경찰은 환상에서 깨어나야 한다. 함께 춤추던 문재인 세력은 이미 국민의 심판을 받았다. 냉엄한 현실로 돌아와 경찰 본연의 임무에 충실해야 한다. 허공에 대고 주먹질을 계속한다면 박수를 칠 사람은 범법자들뿐이다. 7.25.

## 문재인과 계산할 것이 많다는 김정은

문재인이 평양을 방문했을 때 김정은은 15만 시민을 운동장에 모아놓고 연설 기회를 주었다. 마이크를 잡은 문재인은 자신을 "남쪽 대통령"이라고 소개했다. 기가 찰 노릇이었다. 우리 국민은 그를 대한민국 대통령으로 뽑았지, 반쪽 대통령으로 뽑은 적이 없다.

그때까지 그 둘은 함께 춤을 추었다. 그 뒤 하노이 미북 회담이 결렬되자 김정은은 태도를 돌변해 문재인을 공격했다. 김여정을 시켜 온갖 욕설을 퍼부었다. 그 가운데 의미심장한 말이 있었다. "우리는 계산할 것이 많다." 김정은이 문재인에 대해 계산할 것이 많다니, 그 실체가 궁금한 국민이 한둘이 아니었을 것이다.

검찰이 문재인 시절 시중은행들이 30억 달러 이상의 외환을 일본과 중국 등으로 불법 유출한 단서를 잡고 수사를 시작했다. 이 수사에 국정원도 참여하는 모양이다. 정상적 거래가 없는 거액의 외환 유출에는 배경이 있을 것이다. 문재인은 국정원을 앞세워 평양과 온갖 공작을 벌였다.

국정원은 특수공작을 위해 수십 개의 중소기업 간판을 활용한다. 김대중 정권 시절에도 국정원이 운영하는 중소기업 명의로 500억 원씩 합계 3천억 원의 비자금을 융자받아 확보했다는 폭로가 있었다. 문정권의 국정원은 다를까? 검은 돈을 향한 검찰과 국정원의 칼은 예리해야 한다. 7.27.

## 시끄럽게 짖는 개는 물지 못한다

　김정은이 노병들을 앞세운 군중대회에서 연설을 했다. "위험한 행동을 하면 윤석열 정권과 그의 군대는 전멸될 것이다." 한미동맹이 강화되면서 합동 군사훈련이 재개되고 윤석열 정부는 선제타격 등 힘에 의한 평화를 강조한다. 초조해진 김정은이 대한민국과 정부에 대해 막말을 쏟아내는 것은 두렵다는 뜻이다.

　요란하게 짖는 개는 사람을 물지 않는다. 김정은의 독설에 겁을 먹지 말아야 한다. 그가 핵과 미사일에 매달리는 이유는 딱 하나. 대한민국 국민과 지도자들을 공포에 가두고 볼모로 삼으려는 야욕이다. 그런 핵 공갈이 먹혀들지 않으면 초조해지는 것은 김정은이다. 그의 독설은 바로 초조감의 발로다.

　러시아는 1만 개 이상의 핵탄두를 보유하고 있다. 우크라이나를 수천 번 없애고도 남는 양이다. 그러나 우크라이나 젤렌스키 대통령이나 국민은 두려워하지 않는다. 러시아 군대와 맞붙어 잘 싸우고 있다. 초조해지는 것은 러시아의 푸틴이다.

　4각의 링에 오른 복싱 선수는 상대의 눈을 바라보는 순간 승리냐, 패배냐를 예감한다고 한다. 연설하는 김정은 모습에서 나는 그의 말로를 보는 것 같았다. 우리가 그들의 공갈에 볼모로 잡히지 않는 한, 승리는 우리의 것이다. 정부는 단호한 의지와 국력을 바탕으로 진정한 평화와 통일의 길을 열기 바란다. 7.29.

## 대통령이 성공해야 대한민국도 성공한다

 윤석열 정부 5년은 움직일 수 없는 상수다. 대통령이 성공해야 대한민국도 성공한다. 대한민국은 실패하면 미래를 기약할 수 없다. 그만큼 절박하다. 그런데 정권의 한 축인 여당은 이준석의 늪에 빠져 허우적대고, 정권의 핵인 대통령의 지지도는 하락을 멈추지 않는다. 그야말로 위기상황이다.

 축구장을 상상해 보자. 승리를 열망하는 팬들이 모여 열렬한 응원을 보낸다. 그런데 자기 팀 선수들의 팀워크가 깨져 공격도 수비도 엉망이면 팬들의 탄식이 쌓여간다. 그런 상황이 지속되면 팬들조차 야유를 보내며 상대를 응원하는 최악의 사태로 번진다.

 지금 여권은 지도부의 팀워크가 깨져 있다. 새로운 의제를 설정하고 쟁점을 발굴해 투쟁해야 할 때 수비로 일관하고 있다. 여당을 신속히 재편하여 대통령과 호흡을 맞추어야 한다. 그리고 문 정권 5년의 실정을 털어내고 새로운 세상을 열기 위한 의제를 설정해야 한다.

 문 정권이 도처에 쳐놓은 바리케이드가 윤 대통령 앞을 가로막고 있다. 믿을 것은 변화를 열망해 정권교체를 이루어 준 민심뿐이다. 더 강력한 의지로 투쟁하는 방도 이외에 다른 선택은 없다. 우리에게는 실패할 자유가 없다. 그 무엇도 두려워해서는 안 된다. 전열을 가다듬어 다시 뛰기 시작하면, 위기는 기회로 변해 있을 것이다. 8.6.

## 청년들에게 필요한 것은 폭넓은 기회의 문

SNS 등을 통해 마약을 산 사람 166명을 잡고 보니 90%가 2030이었다. 기사를 보는 순간 가슴이 철렁 내려앉았다. 희망으로 뜨거워야 할 우리 젊은이들이 겪고 있는 절망의 깊이를 그대로 보여주는 수치다. 어느 날 갑자기 나타난 현상도 아니다.

청년들에게 필요한 것은 기회의 문이다. 끝없이 도전하고 개척해 나갈 불굴의 정신이다. 기성정치는 이런 환경을 만들기보다는 손쉽게 달콤한 사탕을 나눠주기에 바빴다. 박원순과 이재명이 앞장선 청년수당이 하나의 예다. 사탕을 뿌리는 데 들어간 돈이 아까운 게 아니다. 그 사탕이 청년들의 정신을 좀먹은 것이 문제다.

포퓰리즘은 전 국민의 정신을 파괴한다. 문 정권은 대선 전날 코로나 보상금이라며 17조 원의 돈을 자영업자와 소상공인 등에게 뿌렸다. 1,700만 명에게 100만 원씩 돌아가는 거액이다. 문 정권은 태연하게 선거 부정을 저질렀다.

이런 부정을 극복하고 정권을 교체해 준 우리 국민은 위대하다. 나라든 사람이든, 한때 경제적 곤란을 겪을 수 있다. 그러나 정신만 건강하면 머지않아 다시 일어서는 게 사람 사는 사회다. 지금 이 순간, 우리는 정신을 파괴하는 포퓰리즘과 싸워야 한다. 청년의 정신이 살아날 때 마약도 사라질 것이다. 8.26.

## 의도적 오보로 국익을 갉아 먹는 좌파 언론

온종일 윤 대통령 발언 파동으로 나라가 시끄럽다. 그러나 냉정하게 접근해 보자. 자유언론을 구가하는 미국 일본 등에서 언론 활동의 중심에 서 있는 기둥은 국가이익이다. 성문법은 아니지만, 그보다 더 강한 규범력을 갖고 있는 불문율이 국가의 핵심이익 core interest 이다.

언론인들은 보고 들은 것을 보도할 때 그것이 국가이익을 침해한다고 판단되면 보도 여부, 비중의 경중을 고민하고 결정한다. 국가이익이야 어찌 되든 무조건 보도부터 하는 것은 언론의 본분이 아니다. 일부 언론이 성급하게, 선정적으로 보도하는 대통령의 '막말'이라는 것은, 우선 그 말의 정확한 내용도 분명치 않은 데다 전후 맥락도 불분명하다.

아무리 들어보아도 "쪽 팔린다"는 말 이외에는 잘 들리지 않는다. 혼잡한 상황에서 대통령이 수행원들과 이동하며 지나가는 말처럼 내뱉은 것에 불과하다. 무슨 의미를 부여하기 위해 한 말이 아니다. 그런데 일부 언론이 그 장면만 부각하여 워딩 wording 을 멋대로 자막 처리하고, 바이든 대통령에게 비속어를 사용한 것이라는 해설까지 덧붙였다.

국가이익을 짓밟는 무책임한 보도일 뿐만 아니라, 한국과 미국을 이간질 하려는 책략이 배후에 있는 게 분명하다. 반미세력들이 벌 떼처럼 일어나 소리를 지르는 것이 이런 추론을 반증한다. 저급한 보도와 비열한 정치선동을 언론의 자유로 용인해서는 안 된다. 우리 모두 성숙한 의식으로 국가이익과 품격을 지켜야 할 때다. 9.22.

## 국민과 역사가 지켜보는 문재인의 범죄혐의

감사원이 서해 공무원 피살사건에 관하여 문재인에게 서면조사를 요구했으나 문재인은 이를 거부했다. 민주당은 정치보복이라며 큰소리친다. 참으로 가소로운 일이다. 우리 국민의 생명보다 더 중대한 문제가 어디에 있는가? 겸허하게 조사를 받아도 모자랄 판에 적반하장도 유분수다.

감사원은 문재인의 진술 없이도 진상 파악에 별문제가 없을 것이다. 국가안보실에서 벌어진 일은 바로 문재인이 그 최종 책임자이기 때문이다. 안보실은 실장 이하 외교, 통일, 국방 장관과 국정원장 등이 구성원이다. 거기서 논의되는 안보 현안은 직접 대통령에게 보고되고 대통령의 지시를 받아 실행된다.

안보실장이 제멋대로 결정을 했다면 그건 나라도 아니다. 그런 상황은 상상할 필요도 없다. 감사원은 서해 공무원 피살과 관련해 사법적 책임이 불거진다면 문재인을 검찰에 넘기면 된다. 문 정권 시절 국가안보실에서 벌어진 반역적 범죄 의혹은 그 사건만이 아니다.

국민의 생명을 적에게 넘겨준다면 중대 범죄가 아닐 수 없다. 적과 내통하여 군사작전을 지시했다면 반역으로 단죄해야 한다. 거기에 무슨 성역이 있고 정치보복이 끼어들 여지가 있는가? 사법당국은 국민의 생명과 국가안보를 위해 한 치도 물러서서는 안 된다. 국민과 역사가 지켜본다는 사실을 잊지 말고 엄정하게 처리하기 바란다. 10.3.

## 좌파의 반일 선동은 한미를 이간하는 지렛대일 뿐

　민주당과 이재명은 잊을 만하면 친일논쟁에 불을 붙인다. 자신들은 민족의 자존심을 독점하고 보수세력은 친일파로 몰아세운다. 그들이야말로 민족의 자존감과는 거리가 먼 세력이다.

　자유대한을 건국하고 공산 침략으로부터 나라를 지켜낸 분은 이승만 대통령이다. 빈곤을 극복하고 부강한 나라의 기초를 놓은 분은 박정희 대통령이다. 우리 민족의 자존감은 한국의 민주주의와 번영에서 샘솟듯 솟아오른다.

　그러나 저자들은 두 분을 친일파로 매도하며 한사코 부정한다. 일본은 이제 더 이상 제국주의도 아니고 패권을 추구할 형편도 아니다. 민주주의와 경제를 더욱 발전시켜 일본을 뛰어넘으면, 그것이 진정으로 일본을 이기는 길이다.

　좌파들의 반일선동은 반미를 위한 지렛대에 불과하다. 한미일 합동 군사훈련은 3국의 안보를 지키기 위한 자구책이다. 여기에 시비를 거는 것은 종북從北이라는 자백과 다를 바 없다. 북핵을 용인하는 것이 숨겨진 본심이기 때문이다.

　대한민국의 안보와 북핵은 마오쩌둥이 말하는 '적대적 모순'이다. 둘 가운데 하나는 부정될 수밖에 없다. 준엄하게 묻는다. 선택은 무엇인가? 대한민국 안보인가? 아니면 북핵인가? 10.10.

## BTS 멤버들의 성숙한 안보 의식

　방탄소년단은 글로벌 무대에서 한국을 대표하는 K-Pop의 상징이다. 그들이 가진 위력은 상상을 초월한다. 지구촌 모든 나라에서 사람들의 영감을 사로잡으며 한국문화의 영역을 넓혀나간다. 이렇게 확대되는 문화의 영역으로 한국경제가 뻗어나간다. 21세기를 '문화의 세기'라고 일컫는 까닭이다.

　그동안 자랑스러운 문화의 아이콘에게 병역특혜를 부여하는 문제를 놓고 진통을 겪었다. 나도 어떤 결정이 최선인지 선뜻 판단이 서지 않았다. 2년의 공백이 방탄소년단을 와해시키는 결과를 가져오는 것은 아닐까? 그렇다고 이들에게 병역면제의 특혜를 주면 안보에 대한 국민적 공감대에 상처를 주지는 않을까?

　방탄소년단 구성원들이 해답을 내놓았다. 그들 스스로 입대를 결정한 것이다. 아, 이 젊은 예술가들이 기성 정치인들을 뛰어넘는 상상력과 애국심을 갖고 있구나! 나는 그들의 용기와 결단에 절로 박수를 보내지 않을 수 없었다.

　군대가 결코 그들의 예술적 역량을 녹슬게 하는 것이 아니라 더 원숙하고 풍요롭게 하리라는 믿음을 갖게 되었다. 백범 김구 선생은 해방 이후의 국가 비전을 '문화대국'으로 제시했다. 문화대국이 되면 경제대국이 되는 것은 시간문제일 뿐이다. BTS 멤버들에게 승리와 영광이 함께 하기를! 10.18.

## 서릿발 같은 군인정신의 부활을 기대한다

한미연합사는 한미동맹의 주축이다. 사령관은 미군 대장, 부사령관은 한국군 대장이 맡는다. 장교의 반은 미군, 나머지 반은 한국군이다. 말이 부사령관이지, 한국군 대장은 사령관과 함께 연합사령부를 이끄는 핵심이다.

문 정권 때 연합사 부사령관을 지낸 민주당 의원 김병주가 요즘 파문의 중심에 섰다. 북의 핵미사일 도발에 대응해 동해에서 실시하는 한미일 군사훈련에 대해 엉뚱한 소리를 했기 때문이다.

"한국이 일본과 동맹을 하면 자위대가 한국에 진주할 수 있다." "한미일 군사훈련이 강화되면 중국과 러시아가 반발해 북핵 폐기가 어려워진다." 그는 왜 이런 얼토당토않은 헛소리로 국가안보에 찬물을 끼얹을까?

연합사 부사령관 출신들 모임에서 그가 뱉은 거짓말을 취소하고 사과하지 않으면 그를 제명한다고 한다. 차제에 우리 군을 이끄는 장교들의 정신혁명이 일어나길 바란다. 서릿발 같은 군인정신의 부활을 기대한다. 10.19.

## 뭉칫돈 위에 지은 거짓의 성

거짓의 성城은 무너지게 되어 있다. 대장동 사건의 행동대장 유동규가 석방된 후 기자들에게 했다는 말이 이채롭다. "내가 저지른 일은 내가 책임지고, 다른 사람이 저지른 일은 그가 책임지면 된다." 그는 이런 취지의 말을 하면서 자기가 알고 있는 진실을 검찰과 법원에서 그대로 말하겠다고 다짐했다.

꽉 막힌 대장동 부패의 늪에 구멍이 뚫려 더러운 물이 금방 빠져나갈 것 같다. 조금이라도 상식을 가진 사람의 눈으로 보면 대장동 몸통은 이재명이다. 일찍이 그는 "대장동 사업을 설계한 사람은 바로 나"라고 자백한 바 있다.

대장동 개발로 생긴 이익은 1조 8천억 원에 이른다. 그 가운데 무려 1조 원이 넘는 이익을 쥐꼬리만 한 지분을 가진 '화천대유'가 독식하였다. 이 회사는 다시 '천화동인' 1호부터 7호까지 이익을 담을 저수지를 만들고, 김만배를 비롯한 대장동 일당들이 빨대를 꽂았다.

김만배 역시 천화동인 1호는 자기 것이 아니라 '그분' 것이라고 고백했다. 천화동인 1호 저수지의 비밀이 모습을 드러내는 것도 시간문제다. 검찰은 사활을 걸고 진실을 밝혀야 한다. 부패가 우리 정치를 침몰시킬 수 있는 위기의 순간이다. 국가 위기를 극복한다는 사명감으로 검찰의 칼은 직진해야 한다. `10.22.`

## 희망은 절망을 이기는 최선의 무기

　핼러윈 희생자 합동분향소에 다녀왔다. 다시금 희생자들의 명복을 빌고 유가족들과 슬픔을 나누었다. 기쁨은 나누면 두 배로 커지고 슬픔은 나누면 반으로 준다고 하지 않는가. 우리 국민 모두 이 산더미 같은 슬픔을 함께한다면 절망과 고통도 치유할 수 있을 것이다.

　다시 말하지만, 이번만큼은 비극을 정쟁의 도구로 삼지 말아야 한다. 대부분이 1020세대인 꽃다운 젊은이들의 영혼을 정치적 욕망으로 더럽힌다면, 결코 국민의 용서를 받지 못할 것이다. 하지만 사고의 원인과 책임은 과학적으로 밝히고 다시는 이런 사고가 발생하지 않도록 만전을 기해야 한다.

　주최가 있든 없든, 수많은 인파가 몰리면 이런저런 사건과 사고가 예상된다. 이번 이태원 축제에는 전날부터 인파가 몰렸다. 사건 당일에는 인파가 절정에 이를 것으로 충분히 예상할 수 있었다.

　경찰이 조금만 창의력을 가지고 선제적으로 대응했다면 비극을 막을 수 있지 않았을까, 하는 아쉬움을 떨칠 수 없다. 이제 우리 모두 다시 일어서야 한다. 우리를 짓누르는 안보 위기, 경제 위기를 극복하고 더 안전하고 부강한 나라를 만들어야 한다. 희망이야말로 절망을 이기는 최선의 무기 아닌가. 11.1.

## 전술핵 재배치를 시급히 추진할 때

북이 우리 해역에 수십 발의 탄도미사일을 쏘았다. 울릉도에는 공습경보까지 발령되었다. 먼바다를 향하던 도발이 우리 코앞까지 접근한 것이다. 이것이 입만 열면 떠들던 문재인의 평화인가? 이것이 그가 입만 열면 "비핵화 의지는 확고하다"던 김정은의 실체인가?

지금 우리 안보는 미국의 핵확장 억지전략에 의해 보장되고 있다. 이는 항구적 전략이 될 수 없다. 우리는 북핵에 맞서는 공포의 균형을 이루어야 한다. 여기에는 전술핵 재배치, 핵 공유, 독자 핵무장, 이 세 가지 방안이 있다. 가장 간편하게 접근할 수 있는 것이 전술핵 재배치다.

반미주의자 이재명은 이러한 주장에 악담을 퍼붓는다. 그의 본심은 무엇일까? 북의 핵 공갈에 우리 스스로 인질이 되자는 것 아니고는 다른 상상을 할 수 없다. 안보에는 여야가 따로 없다. 제1야당 대표로서 그는 본심을 털어놓아야 한다.

유럽의 안보는 NATO에 의존한다. 영국과 프랑스는 독자 핵무장을 하고 있다. 이것도 모자라 유럽에는 미국의 전술핵이 배치되어 있다. 우리 안보는 유럽의 안보보다 더 치명적 위협을 받고 있다. 더 이상 머뭇거리지 말고 당당하게 공포의 균형을 추구해야 할 순간이다.

11.2.

## 매달 수천만 원을 받으면서도 개를 버리는 사람

내가 경기도 지사로 일할 때 한 지지자로부터 풍산개 한 마리를 선물 받은 일이 있다. 그 개를 지사관사에서 키웠다. 지사를 사직한 뒤 아파트로 돌아가게 되자 개를 키우기 어려웠다. 지인에게 정든 개를 선물할 수밖에 없었다.

문재인의 풍산개가 화제다. 그는 평양에서 김정은으로부터 풍산개 한 쌍을 선물 받았다. 그가 양산 사저로 나올 때 그 개들과 새끼 한 마리를 데리고 갔던 모양이다.

그때 그는 정부로부터 양육비로 월 250만 원을 받기로 길을 터놓았다고 한다. 세금 쓰는 일에는 주도면밀한 사람이다. 현 정부 들어 양육비 지출에 난색을 표하자 그는 즉시 풍산개의 파양을 통고했다.

풍산개를 남북 화해의 상징으로 내세웠던 사람이 문재인이다. 김정은과 포옹하며 우의를 다졌던 정표가 바로 그 개다. 전직 대통령이란 명목으로 매월 수천만을 받는 사람이 지원이 끊긴다고 헌신짝처럼 버리다니, 어안이 벙벙하다. 11.7.

## 민주당에 도지는 탄핵이라는 고질병

민주당은 세월호 참사를 끈질기게 물고 늘어져 탄핵의 불쏘시개로 만들었다. 그 성공의 추억으로 이태원 참사를 정쟁의 용광로로 끌고 들어가는 것은 구시대적 작태가 아닐 수 없다. 지금 당장 정쟁을 멈추는 것이 올바른 길이다.

희망을 갈구하는 국민을 위해서, 희생자들의 명예와 안식을 위해서, 유가족들의 빠른 치유를 위해서 민주당은 결단해야 한다. 부질없는 정쟁은 야당을 위해서도 약이 아니라 독이기 때문이다.

미국을 보라. 2001년 9월 11일 가공할 테러가 발생해 사망자만 무려 2,977명에 달했다. 거대한 테러조직이 오랜 기간 암약한 결과였다. 정부의 책임을 따지자면, 세월호나 이태원보다 미국의 책임이 열 배, 백 배 더 위중하다.

엄청난 희생 앞에 미국 국민은 분열 대신 단결, 갈등 대신 통합을 택했다. 정치권도 참극을 정쟁의 도구로 삼지 않았다. CIA 국장이나 국방장관, FBI 국장을 경질했다는 이야기를 나는 듣지 못했다.

물론 참사의 원인과 책임을 덮자는 말은 아니다. 그것은 과학적으로 치밀하게 조사하고 따져야 한다. 정치적 책임이나 형사적 책임도 물어야 한다. 그래야 이런 어처구니없는 참사를 막을 수 있다. 11.9.

## 대통령과 뜻을 같이하는 당대표 선출이 절실한 이유

 1년 4개월 앞으로 국회의원 선거가 바짝 다가왔다. 총선에서 국민의힘이 승리하면 윤석열 정부는 정상궤도를 힘차게 달릴 수 있다. 정권 재창출의 희망도 키울 수 있다. 주사파 정권이 무너뜨린 국가의 기본 틀도 회복하는 계기가 된다.

 만에 하나 패배한다면, 정권도, 정권 재창출 희망도, 국가의 미래도 어두워질 수밖에 없다. 국민의힘은 내년 총선에서 패배할 자유가 없다. 오직 승리하여 국민에게 무한 봉사할 의무만 있다.

 총선 승리 여부는 내년 4월에 결정될까? 아니다. 이번 전당대회가 중대한 분수령이 될 것이다. 박근혜 정부 때 총선을 앞두고 치러진 전당대회에서 김무성 대표체제가 만들어졌다. 당대표와 대통령의 갈등이 결국 총선 패배를 가져오고 끝내 보수정권이 막을 내렸다.

 전당대회에서 대통령과 호흡을 같이할 수 있는 대표가 등장해야 하는 절박한 이유가 여기에 있다. 그래야 내년 총선의 필승전략을 세울 수 있다. 당대표 선거에 참여하는 책임당원들보다 더 총선 승리를 갈망하는 사람은 없을 것이다. 승리를 향한 첫 결단을 내려야 한다. 당원들의 지혜로운 결단을 믿는다. 2023.1.5.

## 아직도 간첩이 설치는 대한민국 안보 현실

　북의 지령을 받고 창원과 제주 등에서 간첩 활동을 해온 조직의 윤곽이 밝혀지고 있다. 이는 빙산의 일각에 불과할 것이다. 문 정권 때 청주 거점 간첩단이 정체를 드러냈다 흐지부지된 일이 있었다. 보도에 의하면 이번 적발된 간첩단 추적도 전 정권이 가로막았다니 분노를 금할 수 없다.

　문재인 정권은 막무가내로 국정원에서 대공 수사권을 박탈했다. 간첩단을 찾아내는 일은 오랜 시간과 고도의 전문성을 요구한다. 국정원 같은 비밀정보기관만이 해낼 수 있다. 정보공작과 수사를 분리하면 거미줄처럼 뻗어나간 간첩 조직을 일망타진하는 것은 불가능해진다.

　주사파 정권은 무슨 의도로 국정원에서 간첩 수사를 못 하도록 했을까? 이유는 자명하다. 총선에서 우리가 의회 주도권을 회복하면 즉시 바로잡아야 한다. 어려운 여건이지만 새 정부의 국정원은 심기일전하여 우리 사회에 잡초처럼 퍼진 간첩망을 뿌리 뽑기 바란다. 간첩단이 뚫는 바늘구멍으로 안보의 둑이 무너진다면 국민의 생명과 재산도 위태로워질 수밖에 없기 때문이다. `1.10.`

## 국가재난 사태를 부른 대법원 재판 거래

오래전 동남아의 한 나라에 국정감사를 갔다가 그곳 교민으로부터 충격적인 이야기를 들었다. 그 나라에서는 대법원 판결을 돈으로 살 수 있다는 것이었다. 그때 나는 그 나라가 후진국이라 그렇지, 우리나라에서는 어림없는 일이라고 생각했다.

비슷한 일이 21세기 우리나라에서도 벌어졌다. 이재명이 연루된 두 사건의 판결을 김만배가 개입해 대법원에서 뒤집었다는 사실이 새로 밝혀졌다. 대장동 개발에 개입한 변호사 남욱의 진술인데, 정권이 교체되기 한참 전에 이런 진술을 문 정권 당시 검찰이 깔아뭉갠 정황도 드러났다.

김만배는 판결 전에 대법원 선임재판관 권순일을 7번 방문했고, 판결 직후에도 한 차례 더 방문했다. 권순일이 변호사 개업도 하기 전, 김만배는 그를 화천대유 고문으로 영입해 매월 1천만 원이 넘는 돈을 주었다. 더러운 돈으로 우리가 피땀으로 쌓아 올린 민주주의 탑을 송두리째 무너뜨린 것이다.

법과 양심의 마지막 보루라는 대법원이 썩었다면, 우리는 무엇을 믿고 살 수 있는가? 한마디로 국가재난 사태가 아닐 수 없다. 검찰은 명명백백하게 진실을 파헤쳐야 한다. 썩은 것은 다 도려내야 생살이 썩지 않는다. 민주주의를 기초부터 다시 세워야 한다. 1.15.

## 국가 반역자에게 성역은 없다

국정원이 민노총 등에 대한 압수수색을 단행했다. 저항이 있었지만, 예상보다 격렬하지 않았다. 문 정권 5년 동안 청와대는 북의 앞잡이 노릇을 하기에 바빴다. "문재인은 간첩"이라고 주장하다 재판에 넘겨진 시민에게 법원이 무죄를 선고한 것만 봐도 문의 정체를 짐작할 수 있을 것이다.

국정원의 강제수사는 보안법이 살아있다는 선언이다. 간첩조직의 색출은 국가안위를 위해 너무도 당연한 조치다. 간첩이 활개 치도록 방치하는 나라는 없다. 미국에도 국가보안법 NSA 이 시퍼렇게 살아있다. 위반하면 중벌을 피할 수 없다.

독일 통일 후 10년이 지났을 때 베를린을 방문한 적이 있다. 독일 검찰이 베를린대 경제학 교수를 간첩 혐의로 구속한 뉴스가 헤드라인을 장식했다. 분단 시절 동독 비밀경찰에 포섭되어 간첩활동을 한 것이 뒤늦게 발각됐다는 것이 기사의 요지였다. 간첩행위는 국가에 대한 반역으로 독일에서는 공소시효도 없다.

국정원과 검찰은 대한민국에 뻗어있는 간첩망을 빠짐없이 분쇄해야 한다. 반역자에게는 성역이 없다. 민노총은 빙산의 일각일 뿐이다. 정치 교육 문화 등 각 분야에 간첩이 수두룩하다는 게 상식처럼 되어있다. 국정원의 분발을 촉구하고 기대한다. 1.19.

### 간첩이 당선될 뻔한 베트남 대선에서 교훈을 얻어야

쌍방울 회장 김성태의 진술이 충격적이다. 북에 800만 달러를 주었는데, 이 가운데 300만 달러는 이재명의 북한 방문 경비, 500만 달러는 경기도가 추진하는 대북 스마트팜 사업 비용이라고 한다.

이재명은 '쌍방울' 내복을 사 입은 것 말고는 김성태와 아무런 인연이 없다고 잡아떼고 있다. 평화부지사 이화영을 내세워 북한과 공동사업을 벌이고 방북 결과를 선전해 대선에 활용하려 한 사람이 본인이 아니면 아바타란 말인가?

핵과 미사일로 우리를 위협하는 북한과 은밀히 내통한다. 조폭 출신 사업가를 끌어들여 협잡을 일삼고, 사익을 취한 것보다 훨씬 더 많은 돈을 벌게 해준다. UN 제재를 위반해 국위를 손상한 것으로도 모자라 대한민국의 안보를 송두리째 흔든다.

단 한 가지 범죄만 저질러도 중벌을 면하기 어려운데, 이 모든 짓을 한꺼번에 저지른 사람이 이재명이다. 패망 직전 치러진 월남 대선에서 2등으로 낙선한 인물이 패망 후 월맹의 간첩이란 사실이 밝혀졌다. 만일 그가 대통령이 되었더라면 어찌 되었을까? 월남은 싸워보지도 못하고 붕괴되었을 것 아닌가. 상상만 해도 뒷골이 뻣뻣해진다. 1.31.

## 김정은에게 단단히 꼬리를 잡힌 이재명

간첩은 적의 비밀 공작기관에 협력하고 조국을 배반하는 범죄 또는 범죄자를 일컫는 말이다. 간첩은 그림자처럼 암약하고 있어 눈에 띄지 않는다. 이념이 달라 조국을 배신하고 적에 협력하는 간첩도 있지만, 대부분 매수되는 경우가 많다.

돈이나 미인계도 있고 약점을 잡아 조종하는 경우도 있다. 북을 방문한 인사들 가운데 공작기관이 여성을 침실에 넣고 몰래 동영상을 찍어 협박하는 경우가 적지 않다는 것은 주지의 사실이다.

이화영이 중국이나 평양을 방문하여 만난 사람들 대부분은 북의 정보기관 요원이거나 협력하는 사람들이다. 김성태는 이화영과 어울려 북의 공작원 리호남과 협상해 이재명의 방북 비용 300만 달러를 주었다. 북에서 보면 이재명은 약점을 잡힌 셈이다.

북이 방북 비용 300만 달러를 폭로하면 이재명은 한국에서 파멸적 위기를 맞게 된다. 의지와는 상관없이 북에 끌려다닐 수밖에 없다. 끔찍한 일을 저질러 놓고 이재명은 검찰이 소설을 쓰고 있다고 너스레를 떤다. 지금이라도 이재명은 진실을 고백하고 참회해야 한다. 그것이 국가와 국민에 대한 최소한의 도리다. 2.3.

### 오류를 바로잡는 용기가 필요한 안철수

문재인은 탈원전을 밀어붙이고 사드기지 건설을 결사반대했다. 그리고 김일성의 지령으로 김종태와 함께 대한민국 전복을 목표로 통일혁명당을 만든 신영복을 찬양했다. 이것은 문재인의 가치와 노선, 정책일 뿐 아니라 주사파의 신념이다.

우리 당 대표 선거에 나선 안철수 후보도 똑같은 주장을 했다. 주사파의 가치와 노선, 정책은 국민의힘의 그것과는 상극이다. 서로 양립할 수 없다. 그런 주장을 하는 사람이라면 우리 당의 공직후보 자격도 인정받지 못할 것이다. 하물며 당대표는 언감생심이다.

만일 그런 주장을 하는 사람이 우리 당 대표가 되면 당은 대혼란에 빠질 것이다. 그런 주장을 결연히 반대하고 친원전과 사드 강화, 간첩 색출에 나선 윤석열 정부와 하나가 될 수도 없을 것이다.

안철수 후보는 우선 이 문제부터 해결해야 한다. 그런 노력을 선행하지 않고 대통령이 자신을 지지한다고 하니 갈등이 불거질 수밖에 없다. 무엇보다 마음을 열고 진실을 말해야 한다. 부끄러워할 필요도 없다. 독일의 전 총리 슈뢰더도 한때는 공산당원이었다. 문제는 용기다. 안 후보에게는 지금 과거의 오류를 바로잡는 용기가 필요하다. 2.7.

## 푸틴과 젤렌스키의 진정한 용기를 고대한다

　전쟁을 결심하는 것은 어려운 일이다. 그러나 전쟁을 끝내는 것은 몇 배 더 어려운 일이다. 우크라이나 전쟁이 어느새 1년을 맞고 있다. 푸틴은 1주일이면 우크라이나를 굴복시키고 전쟁을 끝낼 수 있다고 호언장담하며 포문을 열었다. 그러나 지금은 우크라이나의 영웅적 반격에 눌려 패배의 늪을 헤매고 있다.

　젤렌스키를 중심으로 불평 한마디 없이 뭉쳐 항전하는 우크라이나 국민의 용기에 나는 절로 머리를 숙이게 된다. 역시 객관적 전력보다 정신적 의지가 얼마나 중요한가를 증명해 주는 것이 전쟁이라는 인간의 무모한 게임이다.

　전쟁은 두 나라에만 고통을 안겨주는 것이 아니다. 세계경제를 뒤흔들고 세계인들을 불안케 한다. 자칫 핵전쟁으로 비화하면 그 재앙을 어찌 감당할 것인가! 정전이든 종전이든 빨리 전쟁을 끝내야 한다. 전쟁을 시작한 것이 푸틴이니 그가 결자해지해야 한다.

　일단 전쟁을 끝내고 입장 차이를 대화로 풀어나가야 한다. 시간은 끊임없이 정세를 변화시킨다. 상황의 변화를 보며 대화를 지속하다 보면 해결점이 보일 것이다. 전쟁을 지속해서 두 나라가 무엇을 더 얻을 수 있는가? 푸틴과 젤렌스키의 진정한 용기를 고대한다. 2.14.

## 경제 살리기에 우리 모두 분발할 때

무역적자가 누적되어 수지 균형에 빨간불이 켜졌다. 노동시장의 혼란은 태풍을 예고한다. 거액의 국민 세금을 가져다 쓴 노조들이 회계자료 제출을 거부하고, 건설시장의 폭력과 갈취가 그 추악한 실체를 드러내도 민노총은 자숙할 줄 모른다.

사정이 이런데도 민주당은 '노란봉투법'을 밀어붙인다. 노조가 불법파업으로 회사에 손실을 끼쳐도 회사가 손해배상 청구를 못 하도록 막는 악법이다. 보다보다 별 이상한 법도 다 본다. 문 정권 5년 동안 민노총의 불법을 눈감아 주고 한통속이 되었던 민주당이 정권 창출에 실패하니 본색을 여실히 드러내고 있다.

윤 대통령은 노조의 불법에 전면전을 선포했다. 노동시장의 불법과 폭력을 방치한다면 경제가 무너지는 것은 물론이고 나라도 거덜난다. 정부는 치밀한 전략을 세우고 노동개혁을 추진해야 한다. 범정부적 개혁기구를 설치하고 국민의 역량을 총동원해야 한다.

1980년대 영국과 미국, 2000년대 독일은 격렬한 저항을 뚫고 힘들게 개혁을 성공시켰지만, 프랑스는 여전히 혼란을 겪고 있다. 그만큼 크고 복잡한 것이 개혁과제다. 노동시장의 불법과 폭력을 청소하는 일은 준비단계에 불과하다. 큰 그림과 설계도를 그려 빈틈없이 밀고 나가야 끝을 볼 수 있다. 우리 모두 분발해야 한다. 2.22.

## 평화와 통일을 향한 대통령의 결단을 지지한다

역사는 과거의 기록이다. 단순한 과거의 나열이 아니라 의미를 불어넣어 살아 움직이는 과거의 드라마다. 오늘은 3.1절, 그런 시각으로 오늘의 한국과 일본을 바라보고 아시아의 미래를 조망하는 시간이다.

군국주의가 지배하던 일본은 동양의 평화를 파괴하는 괴물이었다. 그러나 군국주의는 오래전 사라졌고, 자유민주주의가 일본을 지배하는 세상이 되었다. 나치가 지배하는 독일은 유럽과 아프리카를 전쟁의 불구덩이로 몰아 넣었다. 그러나 재탄생한 독일은 유럽의 통합과 평화를 선도하는 나라로 변신했다.

대한민국은 내일을 예비하며 오늘을 살고 있다. 과거는 잊지 말아야 할 역사일 뿐이다. 우리는 평화를 추구한다. 평화는 오늘과 내일의 문제이지 흘러간 과거의 문제가 아니다. 윤 대통령이 일본을 평화의 파트너로 선언했다. 아주 현실적이고 정확한 역사적 관점이다.

대한민국은 더 이상 피해의식에 젖은 약소국이 아니다. 역사를 잊지 말아야 하지만, 어두운 역사에 매몰되어서는 미래로 나아갈 수 없다. 냉철한 시선으로 우방들과 유대를 강화하고 미래를 개척해야 한다. 식민지배의 암흑을 뚫고 독립의 횃불을 높이 든 선조들의 염원도 평화와 통일일 것이다. 대통령의 결단을 지지하고 응원한다.

3.1.

### 혁명보다 어렵다는 개혁에 성공하려면

개혁은 어렵다. 시급하고 올바른 개혁일수록 저항은 크고 높다. 오죽하면 개혁이 혁명보다 더 어렵다고 했을까.

윤석열 정부가 노동, 연금, 교육 개혁의 깃발을 올렸다. 대한민국의 미래를 위해 미룰 수 없는 시급한 과제다. 개혁의 비전, 청사진, 설계도를 그리는 일이 중요하다. 그 과정에서 최대한 국민을 설득해야 한다. 끝내 반대하는 국민도 마음속으로는 수긍할 수 있도록 이해와 협조를 구해야 한다.

변화에 적응하는 가장 온건한 방법이 개혁이다. 개혁에 실패하면 혁명이라는 과격한 방법을 쓸 수밖에 없다. 개혁은 새로운 도약을 위한 절대 명제다. 더 이상 멈칫거릴 시간이 없다.

민주화 이후 여러 정권이 지나갔지만, 이렇게 본격적으로 3대 개혁을 주창한 지도자는 윤석열 대통령이 처음이다. 성공적인 개혁을 위해 온갖 지혜와 역량을 결집해야 한다. 성공하지 못했을 때 우리를 기다리는 것은 더 큰 혼란과 절망뿐이기 때문이다. 3.20.

## 헌법의 적이 된 좌파 재판관들

민주당이 법 절차를 짓밟고 '검수완박' 법을 강행 처리하자 국민의힘과 정부가 헌법재판소에 심판을 청구했다. 헌재는 법사위 표결이 위법임을 5대4로 인정하고 청구를 인용했다. 그런데 본회의 표결은 위법이 아니라며 4대5의 판결로 청구를 기각했다.

법사위 표결이 무효라면, 법사위에서 올린 '검수완박' 법안의 본회의 표결 역시 무효가 마땅하다. 양식을 가진 사람이라면 누구도 납득할 수 없는 결정을 태연하게 내린 헌재의 배짱에 기가 막힐 뿐이다.

헌법재판관은 모두 9명이다. 민주당의 폭거에 눈을 감고 두 청구 모두 민주당 손을 들어준 재판관이 4명이고 1명은 오락가락했다. 이들 5명은 문 정권 시절 임명된 자들이다. 낡은 이념에 오염된 사람들이 대한민국 헌재를 점령하고 마침내 헌법 질서를 유린한 것이다.

헌법이 파괴되면 대한민국이 무너진다. 헌재가 최고의 헌법 수호자라면, 국가의 최고 수호자는 국민이다. 주권자인 국민이 나서야 한다. 국민의 힘으로 헌법을 부정한 헌재를 심판해야 한다. 헌법의 적을 제압하고 우리의 헌법을 좌파의 손아귀에서 구출해야 한다.

`3.23.`

## 국민의힘이 나아가야 할 길

　국민의힘은 자유 보수우파를 대변하는 정당이다. 보수는 시대상황에 적극적이고 능동적으로 적응하며 변화해야 한다. 그래야 보수의 스펙트럼이 넓어지고 지지기반이 확대된다.

　미국 공화당의 보수주의도 마찬가지다. 매카시즘 같은 강성으로부터 따뜻한 보수와 같은 연성까지 변화의 폭이 넓다. 2000년대 티파티Tea Party 운동이 불같이 일어나 공화당의 본류를 흔들었다. 민주당의 포퓰리즘에 대한 반동이었다. 공화당은 그 운동을 배척하지 않고 보수주의의 자양분으로 흡수했다.

　한국 보수주의는 진보좌파의 도전에 직면하고 있다. 주사파의 도전은 대한민국의 정통성과 정체성을 위협한다. 정통성과 정체성은 기둥과 대들보와 같다. 그것이 파괴되면 국가나 집이나 붕괴의 운명을 맞게 된다.

　많은 이들이 보수의 외연을 확대해야 한다고 말한다. 다양성과 투쟁력을 강조하는 전문가들도 많다. 모두 옳은 말이다. 그러나 외연을 확대하고 투쟁력을 강화하려면 보수의 중심을 다지는 것이 첫걸음이다. 원정을 나서는 군대가 본국의 방비를 허술히 하면 낭패를 당하지 않겠는가? 4.21.

## 변화하는 정세에 따라 한미동맹의 약속도 진화해야

한미 정상이 '워싱턴 선언'을 발표했다. 북핵에 대응해 한미 핵협의 그룹을 만들고 미국의 핵 확장 억지전략을 강화한다는 것이 핵심 내용이다. 이 선언은 핵 비확산 조약NPT의 준수가 전제로 되어 있다. 한국이 자체 핵 개발 포기를 확약했다는 뜻이다. 전술핵을 한반도에 배치하는 방안도 배제되었다.

워싱턴 선언이 힘을 가지려면 두 가지 조건이 충족되어야 한다. 하나는 평양이 그 선언을 두려워해야 한다. 다른 하나는 우리 국민이 북핵에 대한 공포를 상쇄할 정도로 그 선언을 신뢰해야 한다. 그래야만 한반도에서 공포의 균형이 이루어질 수 있다.

미국은 동으로는 대서양, 서로는 태평양을 포용하는 대륙국가다. 대서양의 유럽과 태평양의 아시아를 차별하지 말아야 한다. 한미동맹과 NATO 동맹이 본질에서 다르지 않아야 한다는 의미다. 한미동맹과 미일동맹도 차별해서는 안 된다. 일본에 허용하는 사용 후 핵연료봉 재처리 권한을 한국에도 즉각 허용해야 한다.

양국의 선언은 불량국가 북한의 핵 도발에 따른 한미동맹의 새로운 약속이다. 그러나 자유롭고 번영하는 대한민국의 안보가 절대적인 목표다. 변화하는 정세에 따라 한미동맹의 약속 또한 진화해야 한다. 그것이 미국의 이익에도 부합될 것이다. 4.27.

## 주인이 무서워야 정치가 바로 선다

정치에 대한 불신이 하늘을 찌른다. 정치권이 시대가 요구하는 개혁을 감당할 능력도 의지도 없다. 국민의 정치 욕구를 해결할 역량도 태부족이다.

건국과 근대화 과정에서 우리 정치는 권위주의에 의존했다. 권위주의는 결과적으로 시대적 소명을 완수했다. 기적 같은 산업화에 성공하고, 그 터전 위에 빛나는 민주주의의 지평을 열었다.

권위주의를 벗어난 한국의 민주정치는 아직도 혼돈 상태다. 국가의 비전을 제시하고, 지향할 목표를 설정하는 데 실패했다. 여당의 정체성은 혼란스럽고, 야당에는 족보에도 없는 주체사상이 판을 친다.

주인이 밭을 돌보지 않은 틈을 타 잡초가 밭을 뒤덮었기 때문이다. "우리가 정치를 외면한 치명적 대가는 어느 사이에 저질스러운 자들이 우리를 지배하게 된다는 사실이다." 플라톤의 경구에서 교훈을 얻어야 한다. 국가의 주인인 국민이 정치를 가꾸어야 한다. 주인이 무서워야 정치인이 바로 서게 된다.

지금 우리 정치는 대장간 수준이다. 하루빨리 용광로 수준으로 개혁해야 한다. 불순물을 제거하고 순도 높은 쇳물을 양산하는 용광로처럼 국회가 최고 효율을 자랑하는 법률과 예산을 만들 때, 비로소 정치적 불신과 허무는 사라질 것이다. 5.1.

## 반일 선동은 국익을 저해하는 자해행위다

　반일 선동의 제1 논리는 일본이 과거를 반성하지 않는다는 것이다. 일본은 왜 독일처럼 깨끗이 그리고 기회 있을 때마다 머리를 숙여 반성하지 않을까?

　독일은 나치가 전범 세력이었다. 나치는 뿌리 깊은 세력이 아니라 독버섯처럼 갑자기 성장한 세력이다. 유럽을 전쟁의 불구덩이로 몰아넣고 독일 국민을 지옥으로 내몰았다. 전후 독일이 나치의 전쟁범죄를 반성하고 사과하는 데 어떤 심리적 저항도 느낄 필요가 없었다.

　일본의 전범은 일왕을 중심으로 한 우익세력이었다. 패전 후 미국은 일왕과 그 우익세력 모두를 부정하고 청산할 방도가 없었다. 다만 일본을 군국주의를 부정하고 자유민주주의국가로 재탄생시켰다. 체제는 바뀌었지만 과거를 반성하고 사과하는데 심리적 저항과 내부 반대에 직면하는 것이 현실이다.

　이것이 오늘의 일본이다. 옆구리를 찔러 절을 받아야 할까? 그런 사과와 반성이 꼭 필요할까? 그것은 아니라고 본다. 힘이 없어 당한 수모를 되갚아주는 길은 우리가 그들보다 더 강해지는 것이다.

　인도는 수백 년 동안 영국의 지배 아래 고통을 받았다. 그러나 독립투쟁을 이끈 간디의 동상이 영국 의사당 마당에 처칠 동상과 나란히 서 있다. 지금은 인도계 인물이 영국 총리로 등장했다.

과거사는 시간의 흐름 속에서 치유되고 정리된다. 그 과정을 통해 우리가 일본뿐만 아니라 다른 어떤 나라에도 침탈당하지 않을 만큼 강한 나라가 되면 이기는 것이다. 일본과 적대하는 것이 그런 목표에 도움이 될까? 북한과 중국, 러시아 동맹을 앞에 두고 한일이 반목한다면, 그것은 오히려 우리를 약화시키는 자해행위일 뿐이다.

윤석열 정부가 과거사 문제를 넘어 미래를 향해 일본과 손을 잡은 것은 담대한 결단이 아닐 수 없다. 우리는 이미 정신적으로 일본을 극복한 지 오래되었다. 통일이 되면 눈 깜짝할 사이 우리 국력이 일본을 추월할 것이다. 더 이상 열등감으로 미래를 가로막으면 안 된다. 민주당도 종북에서 벗어나 미래를 보고 나아가야 한다. 5.9.

## 보수는 통합하고 진보는 깨끗해야 새로운 정치가 가능하다

"보수는 부패로 망하고 진보는 분열로 망한다." 오랫동안 정치권에 회자된 정설이다. 어느 사이 진보는 부패로 망하고 보수는 분열로 망하는 세상이 되었다. 정설이 뒤바뀐 것이다.

진보를 내세우는 세력이 잇따라 정권을 잡으면서 부패가 만연했다. 그들의 부패 속도는 마치 빛의 속도와 같다. 노무현 정권 시절 풍미한 오락게임 '바다 이야기'는 넓고 깊게 번진 좌파들의 부패를 상징하는 사건이다.

송영길의 전당대회 돈 봉투, 이재명의 대장동 비리, 김남국의 코인 게이트는 모두 문재인 시대에 번진 부패 사건이다. 액수나 수법을 보면 평범한 사람들의 상식을 뒤집어 놓고 소박한 행복을 질식시키고도 남는다. 청년들의 절망과 박탈감은 하늘을 찌른다. 20대의 지지가 폭락할 수밖에 없다.

왜 보수는 분열하고 진보는 부패할까?

이 땅의 보수는 오랜 냉전 기간 동안 권력을 독점했다. 자연히 기득권에 찌들고 부패에 둔감해졌다. 민주화 이후에는 우리 사회의 다원성과 다양성이 폭발했다. 하지만 일방주의에 길이 든 보수는 이를 통합할 역량이 부족하다. 작은 충격에도 보수는 포용 대신 분열의 위기를 맞는다.

우리 사회의 진보는 시대변화를 흡수하여 진화한 진정한 진보가 아니다. 냉전시대를 휩쓴 낡고 맹목적인 좌파주의에 머물러 있다. 주체사상은 좌파주의 중에서도 가장 그악스러운 김일성주의다. 그들의 신념이 곧 역사의 선善이며, 반대는 모두 악惡이라고 믿는다. 문재인 정권이 5년 내내 적폐세력 청산, 보수세력 궤멸, 주도세력 교체를 부르짖은 것은 그 때문이다.

진보의 이런 맹목과 독선은 필연적으로 부패를 부른다. 상대를 인정해야 심리적 균형을 이루고 부패를 막을 면역력이 생긴다. 상대를 부정하고 일방주의에 빠지면 부패가 거침없이 확산하기 마련이다.

보수도 진보도 분열과 부패의 강을 건너 정상의 길을 찾을 때가 되었다. 대한민국이 위기를 넘어 도약하려면 상식과 정도 이외에 무슨 왕도가 있는가? 보수는 통합하고 진보는 깨끗해져야 한다. 주장이 달라도 서로를 이해하고 존중해야 한다. 그래야 경쟁과 협력의 두 바퀴로 위대한 대한민국을 만들 수 있다. 5.13.

## 철저한 조사로 선관위 의혹을 해소하라

중앙선거관리위원회의 내부 비리가 연일 폭로되고 있다. 선거는 민주주의의 꽃이다. 선거의 생명은 공정성이다. 중앙선관위를 헌법기관으로 규정한 것은 그런 연유다. 그런 기관에 대한 국민의 신뢰가 무너지는 중이다. 민주주의의 위기로 비화될 수도 있는 중대 범죄다.

선관위를 이토록 부패시킨 게 누구인가? 바로 문재인 정권이다. 대선 당시 문재인캠프 출신을 선관위 상임위원으로 앉혀놓고 조직 전체를 정파의 도구로 전락시켰다. 중앙선관위원장을 이념적 편향성을 가진 사람들로 임명한 것도 문재인이다. 오죽하면 그 중 하나가 '50억 클럽' 회원으로 지목되고 있을까.

얼마 전 국정원은 중앙선관위 전산망에 대한 해킹 시도가 여러 차례 있었다고 밝혔다. 그 가운데 대부분이 북측의 시도였다. 그런데도 중앙선관위는 국정원의 전산망 접근을 거부하고 있다. 민주시민들이 분노하지 않을 수 없는 중차대한 사안이다.

다시는 선거의 공정성에 의문이 생겨서는 안 된다. 이 기회에 선관위의 적폐를 깨끗이 청산해야 한다. 사무총장, 차장의 의원면직도 막아야 한다. 철저하게 조사하여 비위가 드러나면 엄중히 징계해야 한다. 단호한 조처를 통해 공인의 책임이 얼마나 무거운지 보여주어야 한다. 5.29.

### 중국 대사의 도발과 이재명의 침묵

어제저녁 서울 한복판에서 기막힌 일이 벌어졌다. 주한 중국대사 싱하이밍이 이재명을 배석시킨 가운데 한국 정부를 맹공한 것이다.

중국이 한국의 외교정책에 불만이 있으면 주중 한국대사를 불러 항의하면 된다. 그런데 야당 대표를 대사관저로 초청해 옆자리에 앉혀놓고 한국 언론을 향해 15분 동안 일방적으로 주재국의 외교정책을 비난한 것은 공개적인 도전이 아닐 수 없다.

발언 내용도 문제다. 일반적인 지적이 아니라 협박에 가깝다. 일개 대사가 감히 대한민국의 외교주권에 돌을 던진 것이다.

그런 발칙한 자리에 배석한 이재명의 태도도 어이없기는 마찬가지다. 자기를 초청한 타국의 대사가 자국 대통령의 외교정책을 헐뜯으면 화를 내거나 제지하는 것이 마땅하다. 그러나 그는 평소답지 않게 다소곳이 싱하이밍의 도발에 귀를 기울였다.

미국과 중국의 갈등은 우리에게도 곤혹스러운 일이다. 그 갈등에서 미국이 승리하느냐, 중국이 승리하느냐는 문제의 본질이 아니다. 인류사회의 지지를 얻는 보편적 가치가 승리할 것이기 때문이다. 중국은 자국의 미래를 위해 보편적 가치와 인류사회의 폭넓은 지지를 얻는 길이 무엇인지 심사숙고해야 할 것이다. 6.10.

## 풀꽃같이 사랑스러운 내 고향 풍경

"자세히 보아야 예쁘다 / 오래 보아야 사랑스럽다 / 너도 그렇다"

나태주 시인의 절창 '풀꽃'을 읊조리며 논산의 작은 마을에 다녀왔다. 지난 2년 동안 2억 원의 보조금을 받고 40여 호 주민들이 힘을 모아 평범한 농촌 마을을 정원처럼 가꾸었다.

회관에 들어서자 주민들의 초상화가 눈길을 사로잡았다. 한 사람 한 사람의 얼굴이 예술 그 자체였다. 누가 그렸느냐고 물어도 이장님은 그저 미소로 답했다. 마치 거장 피카소의 손길을 거친 것처럼 내 영감을 자극했다.

골목길도, 담벼락도 예술적 상상력으로 곱게 단장했다. 마을 중심에 사람들이 모여 담소하며 소통할 수 있는 공간도 만들었고, 버려야 할 원통을 활용해 작은 도서관도 꾸몄다.

동네 사람들에게 어릴 적 새마을운동을 다시 보는 것 같다며 축하를 드렸다. 주민들이 떠나는 어두운 마을에 새로운 활기가 넘치고 희망이 꽃피고 있었다. 이미 그 마을에는 귀농 귀촌한 가구가 꽤 있다. 앞으로 더 많은 도시인들이 새 삶의 둥지를 틀러 몰려올 것이다. 꾸밈없는 주민들의 미소 속에 풀꽃 같은 아름다움과 행복을 느끼며 돌아왔다. 6.20.

## 대한민국을 위대한 나라로 만들겠다는 대통령의 결단

문재인은 정권을 내놓고 내려올 때까지 대북제재 완화를 외치고 종전선언을 노래했다. 북한의 비핵화 의지가 확고하다는 거짓말도 되풀이했다. 외국 정상과 만나면 제재 완화를 구걸했다. 미국 의원들을 상대로 종전선언을 지지해달라고 로비했다.

대한민국의 안보를 책임진 대통령, 국가원수이자 국군통수권자인 문재인이 이런 행태를 계속해도 그를 반국가세력으로 규정하고 대항한 사람은 그리 많지 않았다.

마침내 윤 대통령이 문재인의 행태를 "반국가세력의 준동"으로 명료하게 정의했다. 대한민국의 정통성을 규정한 헌법을 외롭지 않게 하겠다는 의지가 넘친다. 낡디낡은 반국가적인 이념으로 더 이상 대한민국의 정통성과 정체성이 훼손되는 것을 용납하지 않겠다는 대통령의 결의가 역력하다.

윤 대통령의 선언은 대한민국을 위대한 나라로 만들겠다는 결단이다. 대통령도 국민도 반국가세력과의 투쟁에서 승리해야 한다. 현 단계에서 우리에게 주어진 소명이 바로 이것이다. 7.2.

## 자유와 평등의 의미가 햇빛처럼 세상을 밝히는 날

집중호우로 거처를 잃은 이재민들을 위로하러 성동초등학교, 원봉초등학교, 성광장애인학교 등을 방문했다. 주민들은 당황하거나 불안해하는 모습 대신 담대함과 여유를 보여주었다. 굳은 의지만 있으면 어떤 재난도 극복할 수 있다.

피난한 사람들의 반 이상이 외국인이다. 캄보디아 네팔 태국 등에서 일하러 온 사람들이다. 우리 농업의 대부분을 외국인들이 감당하는 것이 현실이다. 사실 농민들을 제일 고통스럽게 하는 것은 이들에게 내국인과 똑같은 임금을 주는 것이다.

문재인 정권은 평등을 내세워 내외국인의 임금차별을 금지했다. 그것은 오히려 헌법정신을 위반하는 정책이다. 우리 헌법은 불합리한 차별을 금지하되 합리적 차등은 허용하고 있다. 일본도 내국인의 60% 정도로 외국인 임금을 통제한다고 한다.

마침 오늘은 제헌절. 헌법이 추구하는 이상과 가치, 정신을 되새기는 날이다. 자유와 평등 — 그 진정한 의미가 햇빛처럼 세상을 밝혀야 한다. `7.17.`

## 노인들에게 일자리를, 어르신들에게 존경을

논산노인대학에서 강연을 했다. 국가발전에 평생을 바치신 어르신들을 뵙는 것만으로도 존경심이 들었다.

일제강점기를 견디고 해방공간의 이념적 혼란을 이겨낸 것이 그분들이다. 이승만 대통령과 함께 대한민국을 세우고, 자유대한을 파괴하려는 침략전쟁에서 승리해 나라를 지켜냈다. 박정희 대통령과 함께 수천 년 숙명처럼 이어진 빈곤을 몰아내고 경제기적을 이룩했다. 그 토대 위에 민주주의 꽃도 피웠다.

우리 민족사에서 이렇게 위대한 성취를 이룬 세대는 없다. 우리 노인세대는 위대한 시대의 위대한 주인공들이다. 존경받고 합당한 예우를 받아 마땅하다. 하지만 현실은 어떤가?

대부분의 노인들은 고독과 질병, 빈곤의 울타리에 갇혀 있다. 세계 최고의 노인 자살률이 이를 웅변해 준다. 중앙이나 지방정부가 노인복지를 위해 많은 정책을 쓰고 있으나 더 분발해야 한다.

고독과 질별, 빈곤으로부터 노인들을 구원할 수 있는 것은 무엇일까? 나는 일자리라고 생각한다. 일을 하면 소득이 생기고 공동체의 일원이 된다. 목적 있는 삶 속에서 질병을 이겨낼 면역력이 강화된다.

그렇다! 위대한 시대를 개척한 위대한 세대, 우리 노인들을 위해서도 경제를 성장시켜야 한다. 내년 총선은 우리 경제가 성장궤도로 진입하느냐, 침체의 늪으로 빠지느냐? 그 분수령이 될 것이다.

나는 참석한 어르신들의 눈동자에서 희망을 보았다. 희망보다 더 큰 에너지는 없다. 내일은 희망! 이번 강연은 그런 영감을 얻은 소중한 시간이었다. 7.25.

**이재명의 사법방해 공작을 주시한다**

　법무장관 한동훈이 의미심장한 말을 했다. 이화영 재판에서 미국 마피아 영화에서나 볼 수 있는 사법방해가 자행되고 있다는 것이다. 머릿속을 영화 '대부'의 한 장면이 스치고 지나갔다.

　이화영은 오랜 침묵 끝에 "대북 송금 사실을 이재명에게 보고했다"고 검찰에서 진술한 모양이다. 진술 하나로 이재명의 유죄는 요지부동이 된다. 그 진술을 무력화시켜야 한다! 이재명 측에는 비상이 걸렸을 것이다.

　먼저 이화영의 처가 나섰다. 남편을 옹호하는 것이 아니라 이재명을 보호하기 위해 법정에서 부부싸움을 벌이는 광경은 가관이었다. 다음 법정에는 민변 출신 변호사가 나섰다. 법정에 음험한 기운이 자욱하다.

　마피아 법정에서는 사법방해가 성공할 수도 있을지 몰라도 대한민국 법정에서는 불가능한 일이다. 이재명에게 불리한 진술을 할 수도 있는 사람들이 벌써 네 명이나 의문의 죽음을 맞았다. 문득 이화영의 신변에 불길한 일이 벌어지지 않을까 걱정이다. 8.9.

## 통일은 진정한 민족의 광복이자 온전한 건국의 완성

광복의 아침. 73년 전 오늘의 감격을 상상한다. 왜 나라를 빼앗겼는가? 어떻게 국권을 회복했는가? 역사의 교훈을 잊으면 불행은 되풀이될 수도 있다.

대명천지에 아직도 대한민국 건국을 부정하는 세력이 있다. 그것도 한때 대통령과 핵심 측근으로 권력의 정점에 섰던 좌파들이다. 9월 9일 북한의 건국을 인정하면서도 8월 15일 대한민국 건국은 한사코 부정하는 주사파들이다.

그들은 지금도 건국 대통령 이승만을 역사에서 지우려고 각계각층에서 준동하고 있다. 그들의 역사관과 국가관은 대한민국 헌법과 충돌할 수 밖에 없다.

대한민국은 승리의 길을 달려온 위대한 나라다. 공산주의 세력과 싸워 승리했고, 산업혁명으로 부강한 나라를 만들었으며, 자유민주주의를 제도로 정착시켰다. 이제 남은 것은 분단을 허물고 통일을 성취하는 일이다.

통일은 진정한 민족의 광복이며, 온전한 건국의 완성이다. 광복과 건국의 아침, 우리는 통일의 미래를 응시해야 한다. 머지않아 그날은 더 큰 감격의 날로 다가올 것이다. 8.15.

## 법관의 정치성향이 판결에 영향을 미치는 나라

윤 대통령 부친의 빈소에 조문을 다녀왔다. 바쁜 국정으로 고생하시는 대통령께서 상심이 크실 것이다. 잘 이겨내시길 빈다.

빈소에서 정진석 의원을 만났다. 이상한 판결 때문에 마음고생이 큰 정의원을 위로했다. 정 의원은 판사의 정치성향을 전혀 몰랐다고 한다. 정 의원 사건을 맡고 SNS에 올렸던 글을 판사가 모두 삭제했기 때문이다.

판사도 특정 이념이나 정치성향을 가질 수 있다. 그러나 그러한 이념이나 정치성향을 공개하고 판결에 영향을 미친다면 사법의 독립과 재판의 정치적 중립은 훼손될 수밖에 없다.

정 의원은 노무현 전 대통령 부부의 명예를 훼손할 의도로 의혹을 제기한 것이 아니다. 이명박 정권의 정치적 박해로 노 전 대통령이 자살했다는 민주당 측 주장을 반박하기 위해 의혹을 제기했을 뿐이다. 그러므로 범행의 고의가 없거나 매우 약하다고 할 수 있다.

사실관계를 놓고 볼 때, 법 논리에 엄격한 판사라면 무죄를 선고하는 것이 마땅하다. 판결의 순수성을 의심하지 않을 수 없다. 항소심에서는 오로지 법과 양심에 따라 정의로운 판결이 내려질 것으로 믿는다. 8.16.

## 충청권 압승과 수도권 선전이 총선의 승리 방정식

충남도당 위원장이 이취임식을 갖고 총선 승리를 다짐했다. 많은 당원들이 참석해 박수와 환호로 지원을 약속했다. 내년 4월 10일 자정쯤이면 총선 결과가 나온다. 우리 당에 승리 이외의 다른 길은 없다.

국민의힘은 반드시 승리해야 한다. 우리에게 필승 방정식은 무엇일까?

지난 총선에서 충청권 28석 가운데 우리 당은 8석밖에 당선시키지 못했다. 참담한 패배였다. 충청권 패배는 거기에서 그치지 않는다. 냉기류가 바로 수도권에 들이닥쳐 수도권의 선거 결과를 결정한다. 실제로 수도권 121석 가운데 16석밖에 얻지 못했으니 그야말로 대참패였다.

인정하고 싶지 않지만, 우리 정치판에는 아직도 지역정서, 지역감정이 기승을 부린다. 수도권은 영남 호남 충청 같은 또 하나의 지역이 아니다. 삼남三南 출신이 모여 사는 혼합지역이다. 이곳의 충청 출신 민심은 충청권 민심과 똑같이 움직인다.

내년 총선도 과반 의석이 걸려있는 수도권에서 결판난다. 수도권의 승패는 우리 지역 향우들의 민심에 달려있다. 영남과 호남의 민심은 상수에 가깝기 때문이다.

내년 총선에서 충청권은 최소한 20석 이상 얻어 압승을 거두어야 한다. 그래야 그 열기가 수도권에 상륙하여 선전을 이끌 수 있다. 수도권에서도 최소 60석을 차지해야 전국적인 승리를 구가할 수 있다.

충청권의 압승과 수도권의 선전은 총선 승리의 유일한 방정식이다. 지난 총선에서 민주당이 거두었던 결과를 국민의힘이 왜 이룩하지 못하겠는가! 홍문표 신임 도당 위원장은 우리 지역 충청권 압승의 선봉장이다. 모든 당원들이 확고한 목표 아래 땀과 눈물, 역량과 지혜를 모아야 한다.

우리에게 불가능은 없다. 섣불리 비관하거나 낙관하는 것은 금물이다. 간절히 열망하고 겸손히 전진하면 승리의 길은 열리게 되어 있다. 8.19.

## 안팎의 공산주의자들과 이념전쟁에서 이기려면

"주여, 때가 왔습니다.
지난여름은 참으로 길었습니다.
해시계 위에 당신의 그림자를 얹으십시오.
들에는 많은 바람을 풀어 놓으십시오."

독일 시인 라이너 마리아 릴케가 노래한 가을이다. 장마와 홍수, 폭염으로 길기만 했던 여름이 어느 사이 물러가고 따가운 햇볕이 결실을 재촉하는 계절이 왔다. 추석도 멀지 않았다. 온 가족이 모여 소망을 빌고 정을 나누는 행복한 시간이다.

계절은 축복을 내리는데 현실은 거칠기만 하다. 제1야당 대표라는 사람이 의사당 마당에 텐트를 치고 단식을 하는가 하면, 국회의원이란 자가 일본에 가서 버젓이 조총련 행사에 참석한다. 홍범도 흉상, 정율성 공원 문제로 불거진 이념논쟁이 사회를 뜨겁게 달구고 있다.

홍범도는 무장 독립투쟁의 영웅이다. 그러나 러시아로 활동무대를 옮기면서 볼셰비키 편에 섰다. 레닌에게 권총과 자금을 받았고, 자유시 참변에서 소비에트혁명군 편에 섰으며, 소련 공산당원으로 살다 죽었다.

정율성도 마찬가지다. 그는 음악가로 독립운동에도 헌신했지만, 중국 공산당원으로 인민해방군가를 작곡했고, 김일성이 남침했을 때에는 중공군과 함께 서울에 들어와 침략 활동에 가담했다.

공산주의는 자본주의에 대한 반동으로 잉태된 이념이다. 두 이념은 상충하는 것이지 공존할 수 없다. 같은 민족 내부에서는 더욱 그렇다. 공산주의 동독이 붕괴된 후 자유선거로 의회가 구성되었을 때, 독일 의원들이 처음 결의한 것이 동독 공산당의 불법화, 공산당 통치의 무효화였다. 그 토대 위에서 동서독은 하나로 통일되었다.

역사를 직시해야 한다. 홍범도나 정율성의 활동을 자유민주주의 시각으로 평가해야 한다. 독립운동 공간이라면 그들의 흉상을 세우든 공원을 만들든, 별개의 문제다. 그러나 자유대한의 역사적 공간에서 공산당원이 서 있을 자리는 없다. 더구나 대한민국을 지키고 자유통일을 이끌 국가의 간성이 미래를 준비하는 사관학교에 공산당원의 흉상은 어불성설이요 언어도단이다.

지금 우리는 북한 공산주의자들로부터 최후의 발악과도 같은 도전을 받고 있다. 이념전쟁에서 이기는 데 물리적 우위보다 더 중요한 것은 심리적 우위다. 이런 위기상황에서 공산당원 흉상을 육사 교정에 방치하고, 광주시 한복판에 공산당원을 추모하는 공원을 세운다면 누가 제정신이라 여기겠는가? 정부는 국민적 공감대를 이끌어 상황을 신속히 정리해야 한다. 9.4.

## 이재명만 어른거리면 모호해지는 법원 판결

판사가 이재명에 대한 구속영장 청구를 기각했다. "증거인멸의 염려가 있다고 단정할 수 없다"는 것이 기각 사유다. 도망이나 증거인멸의 염려는 가능성만 있으면 되는 것이지 확신까지 요구되는 것은 아니다. 그가 단정할 수 없다는 이유가 불합리하다.

이재명 사건이 드러난 뒤 무려 다섯 명이 스스로 목숨을 끊었다. 그들이 살아있다면 모두 이재명에 불리한 진술을 할 사람들이었다. 수사 중 자살하는 일은 종종 있었지만, 다섯 명이나 줄줄이 자살하는 엽기적 사건은 처음이다.

불과 며칠 전, 이재명이 임명한 부지사는 온 국민이 보는 가운데 민주당 실력자들과 아내의 개입으로 진술을 번복했다. 판사는 그동안 눈과 귀를 막고 있었다는 말인가? 얼마나 더 많은 증인이 자살하고, 이화영 같은 최측근이 몇 번이나 더 진술을 번복해야 증거인멸의 염려가 있다는 것인가?

검찰은 증거를 보강하여 신속히 기소해야 한다. 재판을 통해 유무죄를 가리고, 유죄의 경우 그 형에 처하면 된다. 하지만 재판 과정은 신속히 진행되어야 한다. 이것은 헌법의 지침이고 국민의 명령이다.

9.27.

## 안보는 최악의 경우에 대비하고 국민은 하나로 뭉쳐야

　중동에서 다시 불길이 치솟았다. 팔레스타인 무장단체 하마스가 이스라엘에 수천 발의 미사일을 쏘아 수많은 사상자가 발행했다. 이스라엘은 피의 보복을 선언했다. 전쟁은 피할 수 없게 되었다.

　전쟁과 평화는 동전과 같다. 뒤집으면 전쟁이고, 다시 뒤집으면 평화다. 평화를 원한다면 평화를 지킬 힘이 있어야 한다. 북은 내놓고 핵을 고도화한다. 쉬지 않고 군사 퍼레이드를 하며 핵 무력을 과시한다. 아예 헌법에 언제든 핵을 사용하겠다는 의지를 천명하고 있다.

　대한민국은 자유민주주의 아래 번영을 구가하고 있다. 만일 평화가 깨진다면? 그 이전에 판을 뒤집으려는 북을 압도할 비상한 전략을 세워야 한다. 엊그제 서울에 나타난 문재인이 대응전략을 마련하려고 동분서주하는 윤 대통령을 맹공하며 북과 대화하라고 큰소리쳤다. 상식을 가진 국민이라면 누구나 기가 막힐 일이다.

　우크라이나 전쟁이든 중동의 불길이든, 모두 강 건너 불이 아니다. 실제로 많은 전문가가 불안한 눈길로 한반도 정세를 주시하고 있다. 우리가 분열하고, 심지어 일부 세력은 북의 야망에 놀아나는 상황에서, 언제 북이 도발할지 아무도 모른다. 안보는 최악의 경우를 전제로 대비하고, 국민이 하나가 돼야 한다. 민주당에 하고 싶은 말이다. 10.9.

## 총선 승리에는 왕도가 없다

국민의힘에 혁신위원회가 출범했다. 인요한 박사가 키를 쥐었다. 4대가 한국에서 살아온 선교사의 아들로 의사이자 교수다. 파란 눈의 한국인. 그는 현실정치에 투신한 적이 없어 오히려 민심을 객관적으로 읽을 수 있을 것이다.

강서구청장 참패 원인을 분석하고 본질적 대응방안을 마련해 내년 총선을 승리로 이끌어야 한다. 혁신위에 주어진 사명은 바로 이것이다. 혁신위가 무슨 마법을 부릴 수 있는 것처럼 생각하다 허망하게 끝난 경우가 드물지 않다. 마법은 무대 위에서 가능할 뿐, 현실정치에서는 불가능하다.

인요한 혁신위가 징계 결정에 대한 대사면을 제시했다. 당내갈등을 녹여 대통합을 이루는 것이 선결과제라 판단한 것 같다. 징계 당사자에 대한 사면이자, 동시에 그들을 지지하고 주장에 동조하는 국민을 다시 포용하는 조처다.

사면에 대해 이준석과 홍준표가 거세게 반발하는 모양이다. 그러나 시대정신은 원점에서 모두가 통합의 길에 나서는 것이다. 전쟁에 출정하는 전제조건은 통합이다. 민심 속으로 들어가 당심과 민심이 동행할 수 있도록 당을 혁신해 주기 바란다. 모든 당원이 한마음으로 민심을 따를 때 국민은 국민의힘에 힘을 실어줄 것이다. 10.30.

### 양수발전소 건설이 절실한 금산의 현실

양수발전소 유치를 위한 금산 군민 결의대회에 참석했다. 정부는 신재생에너지 확대를 위해 전국에 양수발전소 건설을 추진하고 있다. 이미 10개의 발전소가 완성돼 가동 중이거나 건설 중이다. 이번에 다시 2군데 정도 후보지를 결정하는데 전국에서 7개 자치단체가 경합하고 있다.

금산은 양수발전소 건설의 최적지다. 산 위 분지 5만 평에 인공호수를 만들고, 200미터 깊이의 땅굴을 파야 한다. 금산군이 후보지로 제시한 부리면 방우리는 최적의 조건을 갖추고 있다.

인공호수를 만들 5만 평의 분지에는 인가가 없다. 대청호 상부와 인접해 수자원이 풍부하다. 게다가 충남에는 아직 양수발전소가 하나도 없다. 반면에 화력발전소는 전국에서 가장 많다. 거기서 나오는 미세먼지로 도민들은 오랫동안 고통받고 있다. 친환경 양수발전소를 금산에 건설하는 것은 타당하고도 명분이 있다.

대둔산 진악산 서대산과 같은 명산에 인공호수를 연계해 트레킹 코스를 개발하면 세계인들도 즐겨 찾는 관광명소가 될 것이다. 거기에 세계적인 명성을 가진 인삼과 결합하면 건강을 테마로 하는 관광상품 개발도 가능하다. 정부는 금산의 비전과 군민의 열망을 살펴 양수발전소 건설을 조속히 추진해 주기 바란다. 11.1.

## 분탕질 치지 말고 배반자는 즉시 당을 떠나라

이준석이 국민의힘과 결별을 선언했다. 우리 당은 통합을 위해 사면을 제안했으나, 그는 거꾸로 분열을 선택했다. 윤 대통령과 국민의힘의 실패를 명분으로 내세우며 총선에서 보수의 절멸을 막기 위해 창당한다고 강변하지만, 행동으로는 보수의 분열을 획책하고 있다.

이준석은 어제 부산까지 찾아온 인요한 위원장을 면전에서 박대했다. "진짜 환자는 서울에 있다"며 대한민국 현직 대통령을 환자로 치부했다. 오래 정치권에 몸을 담았지만, 인생의 선배에게 30대 청년의 이런 무례는 처음 보았다. 이런 막말 또한 처음 들었다.

정치란 사람의 마음을 움직이는, 지극히 어려운 과업이다. 정치란 말로 타인을 설득해야 하는 소통과 공감의 예술이다. 우선 인성이 반듯해야 하고, 조리 있는 말솜씨에 따뜻한 인품과 고결한 성품이 배어있어야 한다.

불만이 있다면 말없이 떠나는 것이 최소한의 금도다. 한 번 배반한 자는 또 배반하기 마련이다. "혁신보다 혁명이 쉽다." 약자들이 흔히 쓰는 말이다. 실제로 혁명을 도모하는 자는 말 없이 미래를 준비하고 담대하게 행동하는 법이다. 구질구질하게 시비를 걸고 주저앉아 분탕질을 치는 것은 혁명이 아니다. 내가 그에게 주고 싶은 마지막 충고다. 11.3.

## 주사파 정치인들의 낭만적 평화주의를 배격한다

북이 군사 정찰위성을 쏘아 올렸다. UN 안보리 결의를 위반한 명백한 도발이다. 북은 상응한 대가를 치러야 한다. 우선 우리 정부는 9·19 군사합의의 일부 효력을 정지했다.

9·19 합의는 원천적으로 무효다. 문재인이 평양 방문을 앞두고 북에 유리하도록 밀실에서 만든 일방적인 양보 문건이기 때문이다. 휴전선 일대의 군사활동을 축소하는 것은 본질적으로 군비 축소다. 이에 관한 협상은 우리 군의 군축 전문가들이 나서야 한다.

문재인은 이들을 배제하고 청와대 주도로 합의서를 만들었다. 청와대에서 누가 북의 누구와 만나 협상했는지도 도무지 알 수 없다. 더구나 북의 군사적 약점은 보완해 주고 우리의 강점은 무력화하는 것이 주요 내용이다. 지금이라도 합의과정을 국민 앞에 밝혀야 한다. 우리 안보를 약화하려는 음모가 숨어있다면 철저하게 조사하여 책임소재를 밝혀야 한다.

나는 이 기회에 9·19 군사합의의 불법 무효를 선언해야 한다고 생각한다. 북이 핵과 미사일 전력을 확충해 우리 안보를 위협하는 상황에서 낭만적 평화주의를 단호히 배격해야 한다. 힘과 의지만이 평화를 담보한다는 역사의 교훈을 잊어서는 안 된다. 지금도 우크라이나와 중동사태가 우리 눈앞에 보여주고 있지 않은가? 11.22.

# III

# 이인제,
# 이인제를 말하다

# 1. 꿈과 희망을 품고 맨발로 달려온 여정

**다시 청년의 열정으로**

"정치가는 꿈을 파는 상인이다." 프랑스의 혁명가 보나파르트 나폴레옹의 말이다. 꿈이 있는 한 우리는 희망의 끈을 놓지 않는다. 희망이 있는 한 우리의 영혼은 밝게 빛난다. 꿈을 상실하면 희망이 사라진다. 희망이 사라지면 우리 영혼도 빛을 잃는다. 심장이 뛰는 한 육신이 살아있고, 심장이 멎으면 육신이 죽는 것과 다름없다. 희망은 심장과 함께 우리 존재를 떠받치는 영혼과 육체의 두 기둥이다.

몇 년 전 서울에서 열린 지식포럼에서 니콜라 사르코지가 기조연설을 했다. 그는 국민 저항을 뚫고 연금개혁을 단행하였다가 역풍을 맞아 2기 집권에 실패한 프랑스 전 대통령이다. 하지만 그는 나폴레옹 같은 추진력을 가진 정치가다. 나는 맨 앞줄에서 그의 연설에 귀를 기울였다. 그는 이렇게 말했다. "프랑스는 나폴레옹 시대와 같은 화려한 근대사를 갖고 있다. 그런 역사적 경험을 기억하고 있는 프랑스 국민에게 지금 같은 척박한 환경에서 정치가가 꿈을 파는 일은 너무나 어렵다."

우리나라는 어떤가? 대한민국은 산업화와 민주화, 양쪽에서 큰 성공을 이루었다. 그리고 머지않은 장래에 통일이 된다면 또 한 번 비약적인 성공을 이루게 될 것이다. 화려한 역사보다 고난의 역사를 기억하고 있는 우리 국민에게 정치가가 꿈을 파는 일은 그리 어려운 일은 아닐 것이다.

나는 1988년 4월 총선에서 당선되어 국회에 들어갔다. 나를 정치로 이끈 힘은 바로 꿈이었다. 나는 안양 시민들에게 나의 꿈, 나의 비전을 팔았다.

'우리 민족이 이렇게 분단되어 언제까지 살아갈 것인가. 하루빨리 통일을 이루어 세계에서 으뜸가는 강대국을 만드는 일에 앞장서겠다. 우선 10년 이내에 여러분이 금강산 백두산을 찾아갈 수 있도록 하겠다. 노태우 정권은 완전한 민주정권이 아니다. 권위주의 잔재를 청산하고 진정한 민주화 시대를 열겠다. 제2의 한강의 기적을 일으켜 더 풍요롭고 행복한 사회를 건설하겠다.'

나는 30대 청년의 열정으로 그렇게 큰 꿈을 팔았다. 나는 안양과 아무런 연고가 없고 아는 사람도 없었다. 그 누구의 눈에도 나의 도전은 무모해 보였고 당선은 무망했다. 그러나 시민들은 나의 꿈을 사주었다. 1만 표가 넘는 큰 차이로 나를 국회에 보내주었다.

## 페스탈로치를 꿈꾼 아이

나는 충청남도 논산시 연산면 송산리에서 농부의 아들로 태어났다. 계룡산 줄기가 남쪽으로 흘러내려 평야지대와 가까워지는 비산비야非山非野의 가난한 농촌마을이다. 나의 선대는 500년 넘게 이곳에서 살았다. 어머니는 10km쯤 떨어진 채운면 심암리에서 13살 때 시집을 왔다. 그리고 19살 때부터 10명의 아이를 출산했다. 나는 그 가운데 여섯 번째로 태어났다.

마을 사람들은 병원과 약국의 존재를 모르고 살았다. 병이 나면 그저 민간요법을 써보고, 안 되면 굿을 해 병마를 쫓아버리려 애를 썼다. 홍역 같은 질병으로 아이 때 일찍 죽는 경우가 비일비재했다. 어머니는 내 위로 두 명, 내 아래로 두 명, 모두 네 명을 일찍 잃었다. 나는 동생 두 명이 세상을 떠나던 순간이 지금도 생생히 기억난다. 열병에 시달리다 어느 날 새벽에 유명을 달리했다.

윗방에서 자던 나는 안방에서 동생들과 함께 주무시던 어머니의 울음소리에 눈을 떴다. 땅이 꺼지게 내쉬는 아버지의 한숨 소리도 들렸다. '아, 동생이 죽었구나!' 어린 가슴에도 슬픔이 몰려왔지만, 내가 할 수 있는 일은 아무것도 없었다.

아버지가 사립문 밖을 몇 번 드나드시는 것 같았다. 그리고 조용해졌다. 뜬눈으로 밤을 지새우고 일어난 나에게 어머니가 말씀하셨다. "네 동생이 죽었다. 아버지가 새벽 일찍 양지바른 곳에 묻어주고 오셨다." 그것으로 끝이었다. 눈물 흘릴 일이 많던 때라 시간이 마음속 상처를 씻어주는 데에는 그리 오래 걸리지 않았다.

나는 1956년 2km쯤 떨어진 백석초등학교에 입학했다. 아버지는 나를 학교에 보내기 위해 서둘러 호적에 올렸다. 어릴 적 이름은 '근제'였다. 때마침 마을에 작명가가 왔다는 소문을 들은 아버지가 나의 이름을 새로 지어오셨다. 아들을 출세시켜 보려는 아버지의 소망으로 나는 새로운 이름을 얻고 태어난지 한참 지나 호적에 올려졌다.

학교에 들어가기 전 나는 신문이나 책을 구경한 일이 없다. 방송은 말할 것도 없다. 학교에 가서 처음으로 책을 만나고 선생님을 만났다. 그리고 친구들도 만났다. 하루하루가 즐거웠다. 나는 정말 선생님을 좋아했다. 책에서 읽은 페스탈로치 일화가 내 마음속에 우상으로 자리 잡았다. 나도 커서 페스탈로치 같은 선생이 되겠다. 그것이 내 최초의 꿈이었다.

내가 5학년이던 1960년 4·19혁명이 일어났다. 물론 나는 어떤 일이 벌어졌는지 전혀 몰랐다. 그런데 시골 초등학교에도 민주화 바람이 거세게 불었다. 선생님이 지명하던 반장을 선거로 뽑기 시작했다. 나는 반장으로 선출되었다. 전교 회장도 선거로 뽑았다. 6학년 가운데서 전교 회장이 나오는 게 순리인데, 5학년 동급생들의 성화에 못 이겨 나도 출마했다.

6학년 둘, 5학년 하나 이렇게 세 명이 선거전에 돌입했다. 합동 연설도 하고 개별 유세도 했다. 나는 미끄럼틀 위에 올라가 연설을 했다. 선배 후보들보다 커 보이기 위해서였다. 합동 연설에는 학부모들도 많이 왔다. 내 연설을 들은 학부모들이 내 머리를 쓰다듬으며 칭찬하기에 바빴다. '너는 정말 연설을 잘하는구나!' 그러나 당선은 6학년 선배의 차지였다.

### 훌륭한 군인이 되려던 내 꿈을 바꾼 소녀

나는 1962년 논산중학교에 입학했다. 상상하지도 않았는데 수석합격이었다. 담임이던 김상수 선생님이 나를 목말 태우고 기뻐하셨다. 읍내의 중학교는 또 다른 세상이었다. 더 많은 친구들, 더 치열한 경쟁, 과목마다 다른 선생님의 교대 수업 그리고 제법 다양한 책이 구비돼 있는 도서관이 나를 들뜨게 했다.

나는 틈날 때마다 도서관에 가서 책을 읽었다. 교과서 이외의 책을 만난 것이 처음이었다. 특히 소설과 영웅전에 매달렸다. 알렉산드로스 대왕, 칭기즈칸, 나폴레옹이 나를 매료시켰다. 어느 사이 나는 위대한 군인이 되는 꿈을 꾸기 시작했다. 그 꿈은 고등학교 2학년 때까지 계속되었다.

중학교 3학년 봄, 나는 운명의 소녀를 만난다. 한일회담 반대 시위가 확산되는 것을 막으려고 교육청이 소집한 논산지역 중고등학교 학생회장 회의에 논산여중 회장이 참석했다. 바로 내 뒤에 앉아 있던 그녀를 본 순간, 하얀 피부에 사슴처럼 긴 목이 내 눈길을 사로잡았다.

같은 동네에서 함께 기차 통학을 하며 논산여중에 다니는 초등학교 동창에게 그녀를 아느냐고 물었다. 같은 반이라고 대답했다.

그녀도 내 동창으로부터 나에 관해 많은 이야기를 듣고 있었다. 고등학교 입시 준비 때문에 바빴지만 우리는 몇 차례 만나 문학을 얘기하기도 하고, 우연히 마주쳐 눈인사를 나누기도 했다. 그러나 그뿐. 우리는 학업에 몰두하며 서로의 존재를 잊어 갔다.

1965년 경복고등학교에 입학했다. 직공으로 일하는 두 형님 덕분에 서울 유학이 가능했다. 입학시험을 치르기 위해 처음으로 서울에 발을 디뎠다. 서울역에 내려 숭례문을 바라보았을 때, 오가는 빨간 시내버스들의 행렬에 넋을 잃었던 순간을 지금도 나는 잊지 못한다. '아, 서울은 참으로 크고 복잡하구나!'

 효자동 청와대 인근에 자리 잡고 있는 경복고에는 전국 80여 학교에서 친구들이 모여들었다. 중학교와는 여러모로 격이 다른 무대였다. 부지런히 새 친구들을 사귀고 서울 생활에 적응하기 바빴다. 더 다양한 책을 읽고 영화관도 자주 찾았다. 용돈이 모자라 둘 내지 세 편의 영화를 동시에 상영하는 허름한 영화관에서 시공을 뛰어넘는 상상력을 키웠다.

 나는 웅변반에 들어갔다. 중학교에 이어 고등학교 웅변대회에서도 우승은 내 차지였다. 누구의 지도도 받지 않았다. 원고도 내 손으로 썼다. 오직 내 스타일로 내 이야기를 했는데 호응이 좋았다. 웅변은 하늘이 나에게 준 선물이었다.

 1학년 때 '독서신문'에서 독후감을 공모했다. 나는 재미동포 김은국씨의 소설 『순교자』를 5번 읽고 주간 신문에 응모했다. 그 소설은 6·25전쟁을 배경으로 한 정말 난해한 작품이었다. 입상한 나에게 푸짐한 독서구매권이 부상으로 주어졌다.

 그때는 마침 카를로 카슬라의 소설 『부베의 연인』이 선풍을 일으키고 있었다. 나는 독서구매권으로 그 책을 사서 대전여고에 진학한 소녀에게 선물로 보냈다. 우리의 우정이 다시 이어졌다. 방학 때가 되면 고향에서 만나 장래의 희망을 나누었다.

나는 그녀에게 위대한 군인이 되기 위해 육군사관학교에 가겠다고 당당하게 말했다. 그녀는 그저 듣기만 했다. 내 마음속에는 알렉산드로스나 칭기즈칸, 나폴레옹뿐만 아니라 이순신 맥아더 박정희까지 국내외 장군들이 우상으로 자리 잡고 있었다.

고등학교 2학년 말이 되자 진로를 결정해야 했다. 육사가 목표라면 이과를 지망하고, 법대가 목표라면 문과를 지망해야 한다. 대전여고생 김은숙은 진지한 자세로 "군인보다 링컨 같은 변호사가 사회에 더 큰 기여를 할 수 있지 않느냐"며 나를 설득했다.

'링컨이라! 가난을 극복하고 변호사 자격을 따 미국 16대 대통령이 된 분. 그리고 노예제로 분열하는 미국을 통합하고 노예제를 폐지해 인간의 존엄을 세운 위인!'

사실 나는 철이 들면서부터 우리 민족이 분단되어 있는 현실을 받아들일 수 없었다. 하루빨리 통일을 이루어 위대한 나라로 웅비해야 한다는 절박한 생각을 멈춘 일이 없다. 깊은 고뇌 끝에 나는 마음속의 우상을 링컨으로 바꾸었다. 그리고 문과를 지망하고 1968년 서울법대에 입학했다.

Ⅲ. 이인제, 이인제를 말하다

## 2. 넓은 무대로, 더 넓은 무대로

**조금 더 넓은 무대**

대학은 초중고등학교와는 차원이 다른 공간이었다. 규제와 보호는 사라지고 자율과 자기책임이 나를 움직이는 모티브였다. 나는 입학하자마자 사회법학회에 가입했다. 여러 서클이 있었지만 가장 치열하게 노동과 같은 첨예한 사회문제를 다루는 동아리였다. 당시 청계천과 중랑천은 기근을 피해 지방에서 이주한 사람들이 천막을 치고 살아가는 빈민촌이었다. 유달리 호남인들이 많았다.

사회법학회는 빈민촌의 실태를 파악하기 위해 현장조사에 나섰다. 나는 선배들을 따라 판자촌 여기저기를 누볐다. 가난한 농촌에서 성장했지만 산업화와 도시화의 그늘인 빈민촌의 속살을 관찰한 것은 처음이었다. 우물 안 개구리처럼 갇혀있던 나의 의식세계가 더 넓고 다양한 세계를 향해 비상하는 출발이었다.

우리는 보고서를 작성해 학회에 제출했다.

대학 2학년 봄부터 군사교육훈련 반대 시위가 격화되었다. 자연히 사회법학회가 중심이 되었다. 3학년부터는 3선 개헌 반대 투쟁이 불길처럼 일어났다. 나는 학생운동에 빠져들었다. 자유주의, 민주주의에 대한 나의 신념은 강철과도 같았다. 박정희 대통령이 장기 집권을 통해 권위주의로 질주하는 것을 방관할 수 없었다. 자연히 학교 수업은 뒷전이었다. 학점은 신통치 않았고 사법시험준비는 아예 잊어버리고 있었다. 그러나 헌법은 언제나 A학점을 받았다.

박 대통령은 1970년 격렬한 저항을 뚫고 헌법을 개정한 후 1971년 3선 연임에 성공했다. 거대한 정치적 파동이 지나고 어느덧 4학년이 되었다. 나는 학생운동에 몰두하느라 사법시험에 합격하여 링컨 같은 변호사가 되겠다는 꿈을 한동안 잊고 있었다.

4학년 늦은 봄, 그동안 잊었던 목표를 다시 세우기로 결심했다. 사법시험 공부에 열중했다. 하지만 시국은 여전히 어수선하고 공부에만 전념하도록 나를 놓아주지 않았다. 1972년 봄, 처음 응시한 사법시험에서 낙방했다. 대부분의 과목이 합격점을 넘었지만 민법이 과락이었다.

그 후에도 몇 차례 응시했지만 행운의 여신은 나의 손을 들어주지 않았다. 그리고 1975년 말에는 1차 시험에도 실패했다. 그런 일은 처음이었다. 나는 상황을 정리해야 한다고 생각했다. 사법시험에 합격해 군법무관으로 복무하겠다는 목표를 접었다. 더 이상 징집을 연기하기도 어려웠다.

'군에 입대하자.' 사실 그때 나는 이듬해 2월 소집통지를 받아놓고 있었다. 소녀 시절 만난 운명의 여인 김은숙은 공주교대를 마치고 신탄진에서 교편을 잡고 있었다. 그녀는 나의 연인으로 평생 운명을 함께할 사람이었다. 거기에는 털끝만큼의 의문도 없었다. '군대를 다녀와 결혼하면 너무 늦는다. 결혼하고 군에 가는 것이 좋다.' 나는 그녀를 불러 입대 전 결혼하자는 결심을 밝혔다.

당황했겠지만 내색하지 않고 그녀는 나의 결심을 받아들였다. 내가 부모님을 설득하는 일은 어렵지 않았다. 그러나 그녀가 부모님과 가족을 설득하는 일은 쉽지 않았다. 하지만 자식을 이기는 부모는 없다. 우리는 양가 가족의 축복을 받으며 1976년 2월 21일 은사 서돈각 교수의 주례로 결혼식을 올렸다.

식을 마치고 이틀 후 나는 논산훈련소에 입대했다. 그녀는 택시를 타고 떠나는 나를 손을 흔들며 배웅했다. 한참 가다 뒤돌아보니 그녀는 여전히 그 자리에 서서 손을 흔들고 있었다. 갑자기 가슴이 뭉클하고 눈시울이 뜨거워졌다. '아, 내가 지금 나의 신부에게 무슨 짓을 하고 있는 걸까.' 지금도 그 순간을 생각하면 가슴이 무너지는 느낌이다.

## 기나긴 준비의 시간

논산훈련소에서 훈련을 마치고 성남에 있는 육군행정학교에 들어갔다. 10주간의 교육을 마친 후 수색에 있는 30사단에 배속되었다. 다시 사단 영내에 있는 90연대로 배치되어 본부중대 인사과에서 근무하기 시작했다. 만으로 스물여덟이니 졸병 중에는 아주 노병이었다.

나는 나이티를 내지 않으려고 무진 애를 썼다. 변소 청소 같은 궂은일을 도맡아 하고 구보를 할 때는 뒤처지지 않으려고 이를 악물었다. 연대 참모들이나 내무반 전우들은 나에게 많은 호의를 베풀어 주었다. 지금까지도 전우애를 가슴에 소중히 새기며 살고 있다.

군대의 구성은 대학과는 판이했다. 지역 출신 취미 희망 개성 등 모든 것이 각양각색이었다. 군대라는 공동체에서 나는 비로소 엘리트 의식을 다 버릴 수 있었다. 우리는 진정 평등한 존재다. 나는 그곳에서 모든 인간이 얼마나 존엄한 존재인지, 그들 각각의 세계관이 얼마나 소중한지, 온몸으로 받아들였다. 바로 그 경험이 오늘까지 내가 대중 정치인으로 서 있을 수 있는 힘의 원천이다.

당시 복무기간은 36개월이었다. 그러나 나는 교련을 이수한 경력 덕분에 6개월을 면제받고 1978년 8월 병장으로 제대했다.

하지만 나에게는 따로 갈 집이 없었다. 아내는 나의 제대에 맞추어 교편을 던지고 친정에 거주하고 있었다. 아내가 선언했다.
"내가 교직에 계속 있으면 당신이 긴장하지 않을 것 아니겠어요? 그러면 우리의 목표도 물 건너갈 것 같아서 과감하게 학교를 떠났어요."

내가 선택할 수 있는 길은 오직 하나. 이듬해 5월 사법시험에 도전하는 것뿐. 나는 즉시 경기도 광주에 있는 고시촌에 들어갔다. 1차 시험은 군에 있을 때 합격했으므로 2차 시험만 준비하면 되었다. 1년도 준비하지 못하고 힘들게 시험을 치렀다.
합격에 대한 확신이 서지 않았다. 아내는 첫아이를 잉태해 배가 동산처럼 불러오기 시작했다. 용돈이라도 몇 푼 벌려고 멀리서 아이들을 가르치고 뒤뚱뒤뚱 걸어오는 아내를 보면 눈물이 앞을 가려 얼굴을 바라볼 수 없었다.
'이번에도 낙방하면 어떻게 해야하나?'
궁여지책으로 국회 입법사무관 시험에 응시하기로 했다. 친구한테 필요한 책을 빌려 밤늦게 처갓집으로 터덜터덜 발길을 옮겼다. 그날 밤 12시경, 마지막 버스에서 내리는데 아내가 길에서 기다리고 있었다.
"여보, 합격했대!"
어리둥절하지 않을 수 없었다. 합격자 발표일은 며칠 더 남아 있었다. "어찌 된 일이냐"고 물었다. 떨리는 음성으로 아내가 대답했다. "연합통신 충북지부장이던 형부<sub>나에게는 바로 손위 동서</sub>가 마침 서울 본사에 올라갔다가 우연히 합격자 명단에서 이름을 확인했다"는 것이었다. 설명을 듣고도 실감이 나지 않았다. 나보다 더 마음을 졸였을 아내와 처가 식구들은 환희, 그 자체였다.

그날 밤 뜬눈으로 지새우고 양복점과 작은 인쇄소를 경영하는 형님들에게 기쁜 소식을 알렸다. 부모님께 알리는 데에는 며칠이 더 걸렸다. 부모님은 나의 눈을 빤히 바라보며 "애썼다"는 한마디로 축하 인사를 대신했다.

사법시험의 마지막 단계는 면접이다. 사실상 통과의례지만, 유신정권에서는 반정부운동 경력이 있는 합격자를 탈락시키는 경우도 더러 있었다. 면접장에 들어서니 뜻밖에 존경하는 은사 김철수 헌법 교수가 나를 반겨주셨다. 면접관인 교수님이 말씀하셨다.

"이군, 축하하네. 면접은 걱정하지 않아도 돼. 불합격시킬 사람은 미리 통지가 오는데 메모지에 자네 이름은 없네."

마음 한구석을 억누르고 있던 일말의 불안이 사라지는 순간이었다. 최종 합격 후 사법연수원 2년을 마치고 대전지방법원 판사로 임관되었다. 나는 직접 변호사의 길을 가려고 했다. 그런데 아버지가 늘 하시던 말씀이 마음에 걸렸다.

"우리 집안에는 면서기 한 사람도 없다."

아버지는 술김에 신세 한탄을 할 때는 늘 이런 말씀으로 마무리했다. 아버지의 한을 풀어드리는 게 아들의 도리라는 생각이 들었다. '판사'라는 공직에 지원한 것은 그 때문이다. 정작 아버지는 내가 판사로 부임하는 것에 대해 속내를 드러내지 않았다. '나의 작은 효도에 대해 아버지는 어떤 생각을 하셨을까?' 궁금했지만 나도 여쭈어보지 않았다.

## 사법정의와는 거리가 먼 현실

1981년 9월부터 2년 동안 나는 판사로 일했다. 1년은 형사부에, 1년은 민사부에 있었다. 법과 양심에 따라 소신껏 재판에 임했다. 보람도 있었지만, 후회를 남긴 일도 있다. 무슨 독서회를 만들어 불온서적을 읽고 반체제 활동을 했다는 혐의로 기소된 국가보안법 위반 사건이 있었다. 나와 동료 배석판사는 국가안보를 해할 정도의 구체적 위험은 없다는 의견을 제시했다.

당시는 서슬 퍼런 전두환 정권 아래라 반체제 활동에 대해 엄격한 잣대를 적용하던 시기였다. 부장판사는 고심하다가 법원장과 상의하는 것 같았다. 그리고 돌아와 1심에서는 형을 최대한

낮추어 유죄로 판단하자며 우리를 설득했다.

 비굴하게도 우리 두 배석판사는 절충안을 받아들였다. '과연 상급법원에서는 어떻게 판단할까?' 궁금했는데 고등법원도 대법원도 모두 유죄로 판단했다. 하지만 권위주의 시대가 끝나고 민주주의 시대로 접어들면서 이 사건은 재조명을 받게 되었다. 그리고 재심을 통해 피고인들에게 무죄가 선고되었다. 나에게 두고두고 후회와 부끄러움을 남긴 사건이다.

 당시는 영장 전담 판사를 따로 두지 않아서 돌아가며 영장 심사를 했다. 나는 영장 발부에 엄격했다. 가정이 있고 정상적인 사회활동을 하는 사람이라면 불구속 상태에서 재판을 받는 것이 사법의 정의에 부합한다고 믿었다. 무죄 추정의 원칙상 안정적 생활을 하는 사람은 충실하게 방어하면서 재판을 받고, 유죄가 확정되면 스스로 짐을 싸서 감옥으로 가는 것이 정의로운 사회의 모습이 아니겠는가.

 범죄 혐의가 있다고 덜커덕 구속부터 해버리면 그의 사회적 일상과 가정의 평온은 파괴되고 신용 또한 바닥나게 된다. 방어권도 부실해진다. 법정에서 무죄를 받아도 그 상처는 회복되기 어렵다. 이것은 선진국의 사법정의와 거리가 멀다.

 나는 영장 기각을 제일 많이 하는 판사로 유명했다. 지금도 그 소신에는 변함이 없다. 나는 판사 생활 2년을 끝으로 변호사의 길에 들어섰다. 법원장을 비롯한 주위 판사들이 말렸으나, 1983년 8월 나는 사표를 던졌다. 청사를 나오는 순간 안락했던 시절은 끝나고 거센 바람이 부는 광야에 홀로 선 기분이었다.

## 폭풍이 휘몰아치는 정국

변호사 생활 4년째인 1987년, 정국은 폭풍 속으로 빨려 들어갔다. 전두환 정권은 체육관 선거를 통한 집권 연장을 도모했다. 민주주의를 요구하는 학생과 시민들의 저항은 맹렬하게 타올랐다. 직선제 개헌을 요구하는 목소리가 교수들에게까지 번져 유수의 대학이 돌아가며 성명을 발표했다.

내 사무실은 남대문과 시청 사이, 태평로에 있었다. 대로에서 연일 호헌 세력과 개헌 세력이 충돌했다. 6월 어느 날 한낮, 사무실에서 남대문을 바라보니 시위대 물결이 끝이 보이지 않았다. 그때 경찰 방어벽을 향해 시내버스 한 대가 전속으로 질주해 들어갔다. 경찰 방어벽이 무너졌다. 순식간에 벌어진 일이다.

'오, 틀림없이 사상자가 발생하겠구나.'

감전된 듯 온몸을 전기가 훑고 지나갔다. 며칠 후 민정당 대통령 후보 노태우는 백기를 들고 직선제 개헌 요구를 받아들였다.

그것이 이른바 6·29선언이다. 6월 항쟁이 민주시민들의 승리로 막을 내리고 개헌이 이루어져 그해 12월 국민이 직접 대통령을 뽑기로 여야가 합의했다.

## 3. 내 손으로 낡은 정치를 바로잡자

**짧지만, 삶의 방향을 바꾼 만남**

 경찰을 앞세운 폭압에 맨몸으로 대항하는 6월 항쟁을 두 눈으로 목격하며 나도 몸을 던져 대한민국의 정치를 바꾸는 데 앞장서야겠다고 결심했다. 그때까지 나는 현실정치와 거리를 두고 있어서 여의도에 아무런 인맥이 없었다. 목표는 세웠으나 성사 여부는 고사하고 접근 방법조차 막연했다.
 당시 정치공간은 전두환 노태우의 민정당, 김영삼 YS 김대중 DJ의 신민당 그리고 재기를 모색하는 김종필 JP이 3분하고 있었다. 나는 민주주의 신봉자였으므로 민정당과 JP는 선택지가 아니었다. YS와 DJ는 민주주의 지도자였으나 분열 직전이었다.
 나는 두 분에 관하여 어떤 선입견도 갖고 있지 않았다. '상도동 문을 두드릴까, 동교동 문을 두드릴까?'
 마침 내가 존경하는 사회법학회 이협 선배가 기자를 그만두고 동교동 비서로 일하고 있었다. 도움을 요청하니 그는 머뭇거리지 않고 "상도동이 자네에게 맞는다"고 충고해 주었다. YS 쪽이 더 개방적이라는 것이 그 이유였다.

나는 중간에 사람을 넣어 YS의 비서실장 김덕룡을 만났다. 그는 고등학교 8년 선배였으나 그 만남이 첫 대면이었다. 정치입문을 도와달라는 후배의 말을 듣고 그는 딱 한 가지만 확인했다. "결심이 확고한가?" 나는 그렇다고 힘주어 답했다.

김덕룡 선배의 소개로 1987년 8월 어느 날, 중구 다동에 있는 민족문제연구소로 가서 YS를 만났다. 넓은 사무실에 홀로 앉아 있던 그는 내가 들어서자 벌떡 일어나 나를 맞아주었다. 그때 나의 나이는 38세, 전혀 알려지지 않은 무명의 변호사에 불과했다. 짧은 순간이었지만 나의 손을 잡는 그의 굳센 악력握力과 나의 눈을 바라보는 그의 눈빛은 나를 빨아들이기에 충분했다.

YS는 나에게 "김대중과 결별하는 일은 절대로 없을 것"이라며 "이번에 반드시 정권을 교체한다"는 굳은 의지를 피력했다. 당시 모든 매스컴의 관심은 두 김씨가 결별할 것인가, 끝까지 손을 잡고 정권을 교체할 것인가에 쏠려있었다. 그는 나에게 정권교체에 대한 확신을 심어주려고 그렇게 말했던 것이 분명하다.

그분 말은 허사로 끝났지만, 그날 만남은 내 인생의 향방을 결정하는 운명적 순간이었다. 그러나 역사의 수레바퀴는 순리대로 구르지 않았다. 매스컴의 예측대로 두 분은 결별하고 각각 대통령 선거에 출마했다. 노태우 김영삼 김대중 김종필 — 한 명의 여당 후보와 3명의 야당 후보가 겨루는 대선에서 노태우는 36.6%의 득표율로 대통령에 당선되었다. YS와 DJ의 득표율을 합치면 55%를 넘었으니 민주화 세력이 이긴 게임이었으나, 민주화 동지의 라이벌 의식이 패배를 부른 결정적 원인이었다.

### 대중의 인기는 마약과 같아 취하면 안 된다

1988년 1월 노태우 대통령이 취임했다. 나는 4월에 있을 13대 총선에 출마를 결심하고 부지런히 움직였다. 그러나 출마지역을 고르는 것은 여간 어려운 일이 아니었다. 내 고향에는 재선인 김한수 의원이 대선 전에 통일민주당에 입당하였기 때문에 공천이 사실상 불가능했다. 서울은 만원이었다. 경기도나 인천에서 출마할 수밖에 없었다.

나는 안양 만안구에서 출마하기로 결심하고 준비에 들어갔다. 나는 안양에 아무 연고도 없고 아는 사람도 없었다. 선거 경험도 전혀 없었다. 그저 사무실에 깃발을 꽂고 이른 새벽부터 밤늦게까지 사람들 사이를 누비는 수밖에 없었다. 나의 아내는 나와 별도로 유권자를 만나 남편에게 지지를 보내달라고 호소했다.

하룻강아지 범 무서운 줄 모른다는 속담처럼 나는 아무 두려움이 없었다. 무식하면 용감하다는 말이 딱 어울리는 장면이다. 내 주위에 모여든 사람들도 선거 경험이 거의 없는 새내기들이었다.

선거 중반을 넘기자 자금이 바닥났다. 그 때 당에서 5천만 원의 지원금이 내려왔다. 아마 당선이 유력한 후보들에게 특별히 지원키로 결정했던 것 같다. 그 돈으로 무사히 선거를 마쳤다.

나는 압도적 표차로 당선되었다. 4선 현역의원도, 초선 현역의원도, 집권당의 후보도 무명의 30대 변호사에 불과한 나에게 패배했다. 나를 국회로 밀어 올린 민심의 정체는 무엇일까? '젊은 패기로 세상을 바꾸어 달라!' 바로 그 여망 아니었을까?

1988년 5월 말 13대 국회가 열렸다. 국회 판도는 1노 3김의 군웅할거였다. 국회의장 김재순은 황금분할이라고 했지만, 정치의 혼란은 불가피했다. 과반수에 훨씬 못 미치는 여당 의석수로 대통령 노태우가 할 수 있는 일은 아무것도 없었.

3김은 5공화국의 잔재를 청소하기로 합의하고 세 개의 특위를 가동시켰다. 5공비리 특위, 광주항쟁 특위 그리고 악법개폐 특위가 그것이다.

나는 광주특위에 배정돼서 비극의 진상을 밝히는 일에 집중했다. 항쟁의 변곡점인 1980년 5월 21일 오전 전남도청 광장에서 인명을 대량 살상한 집단 발포 책임자를 규명하려고 애썼으나 실패했다. 그러나 이 청문회를 통해 나의 이름은 전국에 알려졌다. 어딜 가나 인기스타 뺨칠 정도의 환대를 받았다.

'인기는 마약과도 같으므로 취하거나 중독되면 안 된다.'

나는 대중의 인기에 흔들리지 않고 중심을 잡아야 한다고 스스로 다짐했다. 그리고 가장 인기 없는 노동위원회를 지망해 노동자들의 권익을 위해 활동했다. 그때 함께 활동한 의원으로는 노무현 이해찬 이상수 등이 있다. 이 위원회 활동 경험으로 후일 문민정부 초대 노동부 장관이 되었다. 인권과 노동은 나의 의정 생활 최초의 주제였다.

노태우는 정국의 혼란과 표류에 초조한 나머지 은밀하게 정계 개편을 추진했다. 심복인 국회의원 박철언을 시켜 DJ에게 협력 방안을 타진했다. 노태우는 합당을 원했으나 DJ는 정책연대를 희망했다. 호남 대중들에게 민정당과의 합당은 건널 수 없는 강이라고 판단했을 것이다.

물밑 움직임에 자극받은 YS는 측근 국회의원 황병태 등을 시켜 노태우에 합당을 제의했다. 정계 개편에서 소외되면 활로가 막힐 것이라고 본 것이다. 노태우는 불확실한 정책연대보다 확실한 합당을 선택했다. YS와 별도로 JP 측과도 합당 협상을 진행시켰다.

　마침내 노태우 김영삼 김종필은 1990년 1월 12일 3당 합당을 선언했다. DJ는 야합이라며 펄펄 뛰었다. 그가 제의한 정책연합은 야합이 아닌가? 그는 설명하지 않았다. 민주주의와 권위주의가 손을 잡는다면 야합일 수 있다. 그러나 노태우는 권위주의를 더 이상 고집할 힘도, 의지도 없었다.

　장군 출신이지만 민주정치를 향해 두 세력이 손을 잡았다면, 야합 여부는 그 결과를 보고 판단하는 것이 온당하다. 나는 국정의 혼란을 종식하고 국가발전에 매진하기 위한 결단이라고 믿었다. 당시 나는 통일민주당의 대변인으로 그런 취지의 논평을 냈다.

## 노동장관이 돼 정치적 보폭을 확대하다

　3당 합당으로 거대 여당인 민주자유당의 일원이 된 나는 1992년 재선에 도전했다. 내 선거구는 전통적으로 야당 세력이 강한 지역이다. "이인제는 좋은데 3당 야합이 싫다." 이런 민심의 역풍에 시달리며 힘들게 선거전을 치렀다. 행운의 여신은 나를 버리지 않아 500여 표 차이로 신승辛勝했다.

재선 의원이 된 나는 법사위와 정치개혁특위 등에서 왕성한 활동을 했다. 선거 기간 동안 TV토론를 도입하고 언론 광고와 군인의 영외 투표를 허용하는 등 일련의 혁신은 나의 주도로 이루어졌다. 당내에서는 "다가오는 대선에서 야당에게 패배하면 책임 지겠느냐"며 반발했다. 나는 단호하게 관철했다.

"다음 대통령은 국민의 마음속에서 결정되는 것이지 선거법 규정으로 결정되는 것이 아닙니다."

나는 그렇게 반박했다. 당대표 YS도 대범하게 나의 손을 들어주었다. 1992년 YS는 무난히 대통령 후보가 되고, 대선에서 승리를 거머쥐었다. 현대그룹 회장 정주영이 출마해 보수표를 잠식했지만, 여유 있는 표 차이로 당선됐다. 그것은 드디어 문민정부가 탄생하고, 치열한 개혁의 불꽃이 일어날 단초가 마련되는 역사적 순간이 아닐 수 없었다.

대통령에 당선된 YS가 어느 날 아침 나를 불렀다. 함께 조찬을 하고 나서 그는 나에게 "정부에서 일을 하게 될 것"이라고 말했다. 직책은 언급하지 않았다. 그리고 외부에 일절 누설하지 말라고 당부했다. 나는 마음속으로 '노동부 장관이 아닐까' 추측했다. 당시 노동시장은 아주 거칠었다. 권위주의 시절 억눌렸던 노동운동이 급물살을 타고 있었기 때문이다.

예상대로 나는 노동부 장관에 지명되었다. 후일 내가 YS로부터 직접 들은 이야기는 모골을 송연하게 했다. YS는 나를 서울 시장에 임명하려 했다. 그런데 시장이 되면 의원직을 내놓아야 하기 때문에 보궐선거가 불가피하다. 안양은 전통적으로 야당세가 강해 패배할 가능성이 높다. 그래서 고심 끝에 나를 노동부 장관으로 발탁했다는 것이었다.

　정권 초 성수대교가 무너져 서울시장 이원종이 사퇴하는 사태가 벌어졌다. 민심 수습 차원의 경질이었다. 내가 시장이 되었다고 성수대교가 무너지지 않았을 리 없다는 생각이 들자 쓴웃음이 나왔다. '진보 색채가 강한 지역구 특성이 나를 살렸구나'라는 데 생각이 미치자 만감이 교차했기 때문이다.

　노동부 장관이 되어 나는 새바람을 일으켰다. 정부 안에서 노동부는 노동자들의 목소리를 국정에 반영하고 그들의 권익을 보호하는 데 앞장서야 한다는 것이 나의 신념이다. 물론 다른 경제부처는 각각의 경제주체들 목소리를 국정에 적극 반영시켜야 한다.

　권위주의 시절 노동부는 경제부처에 종속된 채 노동자의 목소리를 대변해야 하는 설립 취지에 소홀했다. 노동자의 불신이 높을 수밖에 없었다. 누적된 불신을 믿음으로 바꾸지 않으면 진정한 노동정책의 수행은 어렵다. 우선 나는 권위주의 시절 노동운동을 하다 부당하게 해고된 노동자들의 복직을 추진했다. 고용보험제도 도입도 강력히 추진했다.

경제부처와 경제계는 도입 시기를 늦추자고 주장했다. "보험료의 절반을 사업주가 부담해야 하므로 경제가 어려운 상황에서 시기상조"라는 것이 그들의 논리였다. 나는 물러서지 않고 법안을 국회에 제출해 통과시켰다. 나의 고집이 아니었다면 고용보험은 훨씬 뒤에야 가능했을 것이다.

1997년 외환위기가 터져 대량실업 사태가 벌어졌을 때 고용보험이 충실하게 사회적 안전망 역할을 감당하지 않았다면 우리 사회는 더 깊은 질곡에 빠졌을 것이다. 김대중 대통령도 "고용보험이 없었으면 큰일 날 뻔했다"고 토로했다. 고용보험은 사회보장제도로 건실하게 발전했다. 그런데 문재인 정권 당시 포퓰리즘 정책 때문에 10조 원의 적립기금이 고갈되어 버렸다. 안타까운 일이다.

그 밖에도 많은 분야에서 노동개혁이 추진되고 노동시장의 분위기도 일신되었다. 노동자들의 노동부에 대한 신뢰가 고조되고 신문과 방송에서 노동 관련 뉴스가 연일 비중 있게 보도된 것도 뜻깊은 변화였다.

## 원하지 않았던 경기 지사 후보

1993년 말 노동부를 떠나 다시 국회로 돌아왔다. 짧은 기간이었지만 행복하고 보람 있는 경험이었다. 당시 지방자치는 지방의원만 선출하고 단체장은 여전히 임명제였다.

DJ는 단체장 직선을 걸고 단식투쟁에 나섰다. YS는 민주주의자로서 지방자치 실현을 위해 투쟁하는 김대중을 마냥 외면할 수 없었다. 그의 결단으로 1995년 봄, 역사적인 초대 민선 단체장 선거가 치러졌다.

영남은 YS의 민자당, 호남은 DJ의 국민회의, 충청은 민자당을 나와 자민련을 만든 JP의 아성이라 결과는 이미 나와 있는 것과 마찬가지였다. 문제는 수도권. 당시 판세로는 여당이 서울에서 승리하기는 불가능해 보였다. 그러므로 인천과 경기도에서는 반드시 이겨야 했다.

내 선거구 안양이 경기도에 있지만, 나는 경기도 출신이 아니라 도지사 선거에는 아무 관심이 없었다. 청와대에서 여러 사람을 넣고 여론조사를 해보아도 당선 가능성이 불투명했다. 나만 유일하게 당선이 거의 확실하게 나온 모양이다. 민자당 사무총장 김덕룡이 나에게 출마를 권유했다. 차출 명령이나 다름없었다.

나는 조건을 제시했다. 오랫동안 경기지사를 역임하고 양주에서 당선돼 국회의원으로 활동하는 임사빈이 출마를 고집하기 때문에 그와 경선을 치르겠다는 조건이었다. 김덕룡은 혀를 내둘렀다. 그때만 해도 경선은 지구당에서 소수 대의원들이 모여서 하는 모의 선거였다. 경기도 지구당의 80% 이상이 민정계이므로 경선 결과는 민정계인 임사빈의 당선이 불 보듯 뻔하다는 것이 김덕룡의 논리였다.

내가 다시 제의했다. "경선 룰을 바꾸면 됩니다. 대의원 수를 1만 명 이상으로 확대해 주세요." 대의원 숫자가 대폭 확대되면 지구당 위원장들의 영향력이 축소될 수밖에 없다. 그러면 아무래도 대중적 지지가 높은 경선 후보가 승리 가능성도 높고, 경선이 치열할수록 본선 경쟁력도 덩달아 높아지게 된다. 당은 나의 제의를 받아들여 대의원 수를 1만 명으로 늘렸다. 이것이 우리 정당사상 처음으로 대중적 경선 시대가 열리게 된 계기다.

경기도 지사 후보 경선은 치열했다. 임사빈의 뒤에는 차기 대권을 노리는 민정계의 실력자 이한동이 버티고 있었다. 43개 지구당 가운데 36개가 골수 민정계였다. 그들은 하나로 뭉쳐 임사빈을 지원했다. 나는 대중적 지지를 앞세우고 강렬한 연설로 대의원들을 공략했다. 투표에 참여한 대의원은 8천 여 명이었다. 나는 260여 표 차이로 힘들게 이겼다.

치열한 경선은 한 치 앞을 내다보기 어려운 한 편의 드라마 같았다. 그러나 본선은 순풍이었다. 경선에서 패배한 임사빈이 끝내 아쉬웠던지 무소속으로 출마했으나, 민주당 후보를 여유 있게 따돌리고 압승했다.

　1995년 6월 1일 나는 초대 민선 경기도 지사로 취임했다. 지방자치 시대는 중앙집권 시대와 달라져야 한다. 주민들의 적극적 참여를 통해 지방의 운명을 개척해 나가는 게 순리다.

　나는 "1등 경기, 1류 한국"의 기치를 내걸고 뛰고 또 뛰었다. 도지사실 문을 없애고 결재도 1분 안에 해주었다. 모든 공무원을 1년에 1주일 동안 각 민간분야 현장에서 근무하도록 조처하여 탁상행정의 폐해를 줄였다. 관선 도지사 시절 생각지도 못했던 사업도 즉각 시행에 옮겼다.

　도청 안에 어린이집을 개설해 공무원들이 아이를 보육하는 부담을 덜어주었다. 공공부문은 물론 민간부문에 이르기까지 경기도 어린이집이 우리나라 최초의 직장 내 어린이집이다. 그 후 대부분의 공공기관들이 경기도 시설을 벤치마킹해 어린이집을 개설했다.

　한국 최초로 여성능력개발센터도 설립했다. 취업 여성들이 육아로 잠시 직장을 떠났다 돌아와도 세상은 이미 너무 빠른 속도로 변해 있어 적응이 어려운 경우가 흔하다. 이런 여성들의 능력을 개발해 취업이나 창업을 도와주는 기관이 바로 여성능력개발센터다.

나는 여성개발원에 원장 추천을 요청하고, 개발원이 추천한 전문가를 원장으로 임명했다. 능력개발센터는 대성공을 거두어 UN 산하기관에서 두 번이나 "아시아에서 여성을 위한 최고의 프로그램을 운영하는 기관"으로 표창을 받았다. 다른 시도들도 앞다투어 이 기구를 도입한 것으로 안다.

경기문화재단, 중소기업신용보증재단도 경기도에서 최초로 설립하고 후일 다른 시도들이 따라온 기구다. 경기도 중소기업의 혁신을 지원하기 위한 경기 사이언스파크 사업도 성공적으로 추진했다. 경기국악관현악단, 경기팝스오케스트라 등도 창단했다. 해마다 고양 꽃박람회를 개최하고, 이천과 여주, 광주를 묶어 도자기 산업벨트를 조성한 뒤 도자기 축제를 열어 대대적 성공을 거둔 것도 의미 있는 성과였다.

## 2등을 밀기로 한 경선 후보들의 합의

1997년 9월 나는 도지사직을 사임하고 대선 출마를 공식 선언했다. 그해 초 서서히 대선 바람이 불면서 2%로 시작된 지지율이 한두 달 만에 정상권으로 뛰어올랐다. '이제 3김시대를 뛰어넘어 새로운 시대로 전진해야 한다. 시대는 산업사회로부터 지식사회로 혁명적 변화를 겪고 있다. 우리 정치도 그런 미래를 열 수 있는 변화를 이루어야 한다.' 이런 국민적 여망이 나를 통해 표출되고 있는 것이라고 나는 생각했다.

그 여망을 받들어야 한다고 결심하고 6월의 대통령 후보 경선에 나섰다. 후보는 모두 8명. 대의원은 경기도 지사 경선 때와 비슷한 1만여 명이었다. 1차 투표에서 과반 득표가 없으면 1등과 2등이 결선투표를 한다는 조항만 있을 뿐, 오늘날과 같이 여론을 반영하는 제도적 장치는 없었다.

8명 후보 가운데 당내 최대 계보인 민정계의 지지를 받는 이회창이 가장 유력했다. 나머지는 오리무중이었다. 다만 국민의 지지율로 보면 내가 이회창을 2배 이상 앞서고 있었다. 그러나 언론에서는 국민의 지지율은 뒷전이었다. 나의 당내 기반은 최악이었다. 그저 갑자기 솟아오른 신예新銳에 불과했다.

한때 대통령 김영삼이 "차기 후보는 깜짝 놀랄 젊은 사람"이라고 말했고, 사람들은 그게 바로 이인제라고 믿었다. 그러나 YS는 연초부터 몰아닥친 한보사태 탓에 지도력에 큰 상처를 입는 바람에 후보들에게 짐이 될지언정 힘이 될 수 없었다.

경선 전날 이회창과 최병렬을 제외한 후보 6명이 모였다. 거기서 "내일 2등을 하는 후보에게 모두 힘을 모아주자"고 합의했다. 마침내 경선의 날이 밝았다. 1차 투표 결과 이회창이 41%로 1등이고 내가 2등이었다. 이제 나와 이회창이 결선투표를 해야 한다.

경선장 안의 분위기는 열기로 달아올랐다. "어제 합의대로 6명 후보의 지지가 하나로 모아지면 이인제가 대선에 나간다"는 환호가 여기저기서 터져 나왔다. 그때 나와 6표 차이로 3등을 한 이한동 측에서 재검표를 요구하고 나왔다.

재검표는 무려 3시간 이상 걸렸다. 경선장의 대의원들은 무더위와 지루함으로 술렁이기 시작했다. 점심시간을 훌쩍 넘겨 허기와 피로가 한꺼번에 몰려왔다.

"아니, 2등 후보를 밀기로 합의해 놓고 이게 무슨 짓이냐?"

이인제로 후보가 뒤바뀌는 순간을 기다리던 대의원들의 열기는 불만으로 돌변하기 시작했다. 재검표 결과는 오히려 6표에서 8표로 차이가 벌어졌다. 하릴없이 기다리는 동안, 나를 지지하기로 결의한 대의원들은 많이 흩어지고 열기는 식어버렸다. 결선투표에서 나는 패배하고 말았다. 나와 나라의 운은 거기까지였다.

## 4. 나를 위한 꽃길이냐, 나라를 위한 가시밭길이냐

**영광과 오욕이 교차하는 정치현실**

　경선으로 쌓인 먼지를 훌훌 털고 도지사 집무실로 돌아왔다. 사흘 후에는 여의도 63빌딩에서 열린 이회창 후보 대선 출정식에 참석해 대통령이자 당의 총재인 YS에 이어 축하 연설을 했다. 사실 나는 경선 과정에 아쉬움이 컸지만, 결과에 대해서는 불만이 없었다. 자유 투표로 결정된 것이었기 때문이다. 흔쾌히 이회창 후보의 승리를 인정하고 지지를 표명했다.
　그러나 경선 1주일쯤 지나 돌발상황이 발생했다. 이회창의 두 아들이 군대를 가지 않았다는 사실이 언론에 폭로된 것이다. 면제 사유도 똑같은 체중미달이었다. 이회창의 지지는 곤두박질쳤다. 경선 직후 55%까지 치솟아 DJ를 20% 가까이 앞지르던 지지율이 폭로 10여 일 만에 한 자리 숫자로 떨어졌다. 경천동지

할 일이었다.

한 달, 두 달이 지나도 여론은 돌아설 기미를 보이지 않았다. 언론에서는 새로운 여론조사 결과가 연일 발표되었다. 나는 도지사 일에만 몰두하고 있었다. 그런데도 나에 대한 지지가 계속 상승했다. 서울시장 조순에 대한 지지 여론도 이목을 끌었다.

그 무렵 이회창의 비서실장인 국회의원 강재섭이 도지사실로 나를 찾았다. 그는 내 대학 1년 선배로 평소 친숙한 사이였다. "이회창 후보를 만나달라"는 것이었다. 그의 제안을 받아들여 이회창 후보와 오찬을 함께 했다. 그는 나의 대선 출마를 막아야 한다는 권유를 받아들여 회동에 임했을 것이다.

이 후보는 여러 가지 제안을 하며 "차기를 보장해 주겠다"는 취지의 말을 하였다. 그러나 그것은 내가 듣고 싶은 말이 아니었다. 나는 그로부터 돌아선 국민의 마음을 어떻게 되돌릴 것인가에 대한 복안과 열정을 듣고 싶었을 뿐이다. 그는 그 문제에 대해 한마디도 언급하지 않았다. 그리고 한 시간 가까이 걸린 회동 내내 나의 눈을 바라보지 않았다. 누구를 설득하는 말은 화살과 같은 것이다. 그의 말은 처음부터 과녁을 놓친 화살처럼 나의 가슴에 와닿지 않았다.

서울시장 조순도 나에게 도움을 요청했다. 그는 선배인 자기에게 양보해달라는 취지로 나를 설득하려 했다. 너무 작은 목소리로 말해 반은 알아들을 수 없었고, 눈길도 나의 눈을 향하지 않은 채 허공을 맴돌았다. 나의 고민은 깊어만 갔다. 추석이 지날 때까지도 이회창의 지지는 한 자리 숫자, 그대로였다.

이대로라면 당의 패배는 불을 보듯 뻔하고 3김시대를 뛰어넘는 정치개혁은 불가능하다는 생각이 나를 괴롭혔다. 후보나 당이 스스로 새로운 승리 전략을 마련하는 것도 기대할 수 없었다. 이회창을 떠난 민심이 나에게로 몰리는 여론조사 결과가 언론에 계속 발표되었다. 나는 어떤 형태로든 민심에 응답하지 않을 수 없는 상황에 몰리고 있었다.

### 청와대의 극비 여론조사

대선에 출마하려면 선거 90일 전 도지사직을 사퇴해야 한다. 고민은 깊어지고, 침묵을 끝내야 할 시간은 다가오고 있었다. YS가 청와대로 나를 두 번이나 불러 독자 출마를 간곡히 만류했다.

"나도 DJ에게 경선에서 패해 대선에 나가지 못했지만 묵묵히 그를 도왔네. 그러나 결국 그보다 먼저 대통령이 되지 않았나."

내가 진정으로 존경하는 대통령의 말을 그 자리에서 거역하기 어려웠다. 나는 더 깊이 생각하고 역사와 국민 앞에 부끄럽지 않은 결정을 하겠다는 대답을 하고 돌아왔다.

'어떻게 할 것인가? 나를 지지하는 국민과 함께 새로운 시대를 열기 위한 고독한 싸움을 할 것인가? 아니면 국민의 그 염원을 외면하고 편안하게 도지사로 일하며 후일을 기약할 것인가?'

경선 직후 무너진 이회창의 지지율은 석 달이 지나도록 그대로였다. 그 민심이 다시 나를 부르고 있었다. 나는 결단을 내렸다. '어떤 고난이 닥치더라도 국민과 함께 싸우리라!'

당시 우리 정치권은 두 개의 패권이 충돌하고 있었다. 하나는 영-호남 지역 패권, 다른 하나는 보수-진보의 이념 패권이 그것이었다. 여기에서의 진보는 진정한 의미의 개혁적 진보와 냉전시대의 낡은 진보를 아우른 개념이다. 이 두 패권세력 입장에서 볼 때, 충청 출신이고 냉전 이후 세대인 나는 그들의 기득권을 위협하는 공동의 적일 뿐이었다.

나를 지켜줄 조직된 세력은 어디에도 없었다. 정치권의 패권구도는 우리 사회 각 분야에 그대로 연장되어 있었기 때문이다. 그러나 40대의 패기와 열정에 들떠 있던 나는 오직 위대한 국민을 믿고 투쟁하기로 결심했다.

어렵게 결단을 내린 나는 동지들과 함께 신당 창당을 서둘렀다. 순조롭게 작업이 진행되어 마침내 11월 3일 국민신당 창당

전당대회가 열리기로 날짜가 확정됐다. 거기서 나는 국민신당 대통령 후보로 지명될 예정이었다.

 그 이전, 대략 10월 30일쯤, 나에게 청와대에서 조사한 여론조사 결과가 전달되었다. 일반적인 여론조사 샘플 수는 1천 명 내외다. 그러나 청와대 조사는 대상이 5천 명이었다. 결과는 이인제 38%, 김대중 36%, 이회창 17%. 3자 대결구도에서 나의 지지율이 다시 1등으로 올라섰다는 희망적인 수치였다.

 며칠 후 전당대회가 열리고 내가 공식 대통령 후보가 되면 컨벤션효과가 발휘돼 나의 지지율은 더 상승할 것이라고 전문가들이 예측했다. 그런데 다음 날 아침, 이회창과 김대중의 대변인들이 똑같은 거짓말을 터트렸다. '이인제, YS로부터 200억 원을 받았다.' '곧 창당될 국민신당은 YS 신당이다.' 모든 언론이 대서특필했다. 보수, 진보 가릴 것 없이 모든 신문, 모든 TV가 1주일 동안 똑같은 거짓말을 되풀이했다.

 YS에 대해 국민의 불신과 분노는 비등점을 향해 치솟고 있었다. 그 불신과 분노의 불꽃에 태워버리겠다는 살기가 나를 엄습했다. 언론들은 나에게 단 한마디도 확인하지 않았다.

 생각해 보라! 당시는 5만 원권이 없었고 금융실명제가 시행되고 있었다. 1만 원권으로 200억 원이면 무게가 1,200kg을 넘는다. 그 돈을 조그만 아파트에 사는 내가 어떻게 받아 어디에 보관할 수 있단 말인가! 나는 대통령으로부터 단 한 푼의 돈도 받지 않았다. 그것이 진실이다.

청와대가 펄펄 뛰며 부인했지만, YS 측근들이 나설수록 민심은 악화했다. 대구에 가서 캠페인을 할 때 택시기사 한 분이 달려와 말했다. "후보님, 대통령이 되면 즉각 김영삼을 구속하겠다고 선언하이소. 그리 안 하면 그 불길 못 꺼요."

지금도 그분의 다급한 목소리가 귓가에 쟁쟁하다. 나는 그 분에게 공손하게 말했다.

"대통령이 되지 않는 한이 있더라도 도리에 어긋난 말을 할 수는 없지요."

나의 38% 지지율은 1주일 만에 20%로 추락했다. 우리 정치사에서 보수와 진보 세력이 언론과 결탁하여 이런 거짓말로 한 정치인을 공격한 사건이 또 있었을까?

하늘을 우러러 한 점 부끄러움이 없었으므로 내 가슴속에 두려움은 없었다. 나는 큰 상처를 입었지만, 더 뜨거운 열정과 용기로 일어섰다. 나는 승패를 초월하여 진실을 위해 투쟁하며 미래의 희망을 힘껏 외쳤다.

## 상처 없는 사자는 어릴 때 죽은 새끼뿐

 선거는 끝나고 나는 패배했다. 그러나 온갖 악조건 속에서도 500만 명 가까운 국민이 나를 지지했다. 동지들과 함께 결론을 내렸다.
 "우리는 패배했다. 그러나 우리가 추구한 정치의 명예혁명은 끝나지 않았다. 미완의 혁명을 완수할 때까지 함께 투쟁하자."
 곧바로 패배의 후폭풍이 밀어닥쳤다. 근소한 차이로 패배한 이회창 측에서는 자신들의 패배 책임을 나에게 떠넘겼다. 당선자 김대중을 반대하는 보수세력의 원망과 분노도 나에게 쏠렸다. 나 때문에 DJ가 당선되었다는 논리였다.
 나는 나의 당선과 우리 당의 승리를 위해 뛰었을 뿐이다. 나는 이회창, 김대중 두 후보에 대해 네거티브 선거운동을 하지 않았다. 오직 나의 비전과 공약을 제시하고 국민의 공감을 호소했을 뿐. 김대중의 당선은 국민이 결정했고, 이회창의 패배도 국민의 결정이다. 간단한 진실을 외면하고 그들은 비굴하게 정치적 책임을 나에게 전가한 것이다.
 그럼에도 나를 원망하고 미워하는 국민의 마음을 나는 존중한다. 기회 있을 때마다 나는 부덕과 부족함을 인정하고 국민 여러분께 사죄의 말씀을 드렸다. 나도 평범한 사람으로서 완벽할 수 없다. 그때 그때 깊은 고뇌 끝에 결단을 내렸지만, 나의 행동으로 상처를 입는 국민 여러분에게 나는 언제나 사죄드리고 다시 출발해야 한다. 이것이 나의 원칙이다.

당내에서도 후폭풍이 일어났다. 대선 이듬해 봄에 치러진 지방선거에서 국민신당은 참패했다. 나의 고향 논산시장 하나만 당선시키고 모두 패배했다. 이념정당도 아니고 지역패권을 추구하는 정당도 아닌 순수 정치결사체로서 한계를 확인한 선거였다.

국민신당에 참여한 8명의 현역의원들이 모두 독자생존에 부정적이었다. 그들은 나에게 새로운 활로를 열어야 한다고 재촉했다. 나를 당선시키기 위해 거대 여당을 탈당하고 신당에 참여한 의원들의 주장을 마냥 외면할 수 없었다.

국민신당이 움직일 수 있는 공간은 좁았다. 이회창의 신한국당은 우리를 적대시하고 거부했다. 통합이 불가능했다. JP의 자민련에 대해서는 국민신당 의원들 대다수가 부정적이었다. 남은 상대는 DJ가 이끄는 국민회의. 당시는 외환위기가 터져 국가부도 상황이 우려되고 있었다. DJ 장권은 국회에서 소수 세력을 면치 못해 위기상황에 적절하게 대응하기는커녕 악전고투하고 있었다.

마침내 나는 결심했다. 국가위기 극복을 위해 국민회의와 통합한다. 그 대신 통합 후 중도개혁 노선을 지향하여 전국 정당으로 거듭나야 한다. 국민회의는 호남 지역당의 한계를 벗어나지 못하고 있었다. 보수적인 국민들로부터 끊임없이 좌파노선이 아니냐는 의심을 받았다.

나는 자유대한민국의 정치공간에 좌파주의 정당은 맞지 않다는 신념을 갖고 있다. 미국의 공화당과 민주당은 모두 우파정당이다. 좌파 사회주의 이념과는 거리가 멀다. 일본의 자민당과 민주당 또한 같다. 나는 국민회의가 중도 개혁주의 노선을 확립해 국민의 의심을 해소하는 것이 중요하다고 판단했다.

협상은 급진전되었다. 내가 요구한 조건은 단 두 가지 — 중도 개혁주의와 전국정당화였다. 국민회의가 이 조건을 받아들였다. 당시 국민신당 대표는 이만섭 전 국회의장이었다. 나의 요청으로 청와대에서 김대중 총재와 이만섭 대표가 회동해 최종합의를 이루었다. 1998년 초가을이었다.

그해 10월 나는 훌훌 털고 미국으로 떠났다. 수도 워싱턴에 있는 조지워싱턴 대학 로스쿨의 초청을 받았다. 학장 마이클 영 교수의 배려로 연구실도 배정받고 많은 교수, 전문가들과 교류하며 세계를 움직이는 미국 정치를 배웠다. 조지타운 대학, 펜실베니아 대학 와튼스쿨의 여러 교수들과도 교류했다. 해리티지 재단의 에드윈 퓰러 총재와는 자주 만나 의견을 교환하고 신뢰를 쌓았다.

마이클 영 학장은 저명한 국제법 학자로 독일통일 당시 부시 미국 대통령의 특사로 독일에 파견되어 법적 분야에서 통일을 도왔다. 그로부터 독일통일 과정을 생생하게 들을 수 있었다. 스탠포드 대학 후버 연구소에서 20세기 최고의 경제학자 에드거 후버 교수도 만났다. 90이 넘은 노학자는 꼿꼿이 앉아 공부에 전념하고 있었다. 책상 위에는 책이 수북이 쌓여있고 빨간색으로 밑줄을 그은 페이퍼도 보였다. 그의 소탈한 자세와 친절한 설명에 깊은 감명을 받았다.

LA에서는 앨빈 토플러와 4시간 가까이 대화했다. 주로 내가 질문했지만, 그도 나에게 호기심을 갖고 많은 질문을 했다. 그의 저서 『제3의 물결』이 유명하지만, 그는 이미 IT 기술과 바이오 기술이 융합해 '제4의 물결'이 시작되었다고 강조했다. 그와 미래의 변화를 이야기하다 보니 1시간 약속 시간을 훌쩍 넘겨 4시간 가까이 대화가 이어졌다.

내가 미국에 온 한 달 후쯤 아내도 태평양을 건너와 작은 숙소에서 함께 생활했다. 결혼하자마자 입대하는 바람에 우리에게는 신혼이란 게 없었다. 아내는 뒤늦게 신혼이 찾아왔다며 웃었다.

미국 체류 6개월 동안 많은 곳을 방문하고 경험했다. 뉴욕 증권거래소, 시카고 선물시장을 방문해 거래 현장을 눈으로 보며 설명을 들었다. 세계경제의 심장이 어떻게 박동하는지, 그 소리가 들리는 것 같아 내 심장도 뛰었다.

## 5. 좌파를 넘어, 좌절을 넘어

**시련은 있어도 실패는 없다**

　미국생활을 마치고 1999년 5월 귀국했다. 김대중 대통령은 중도 개혁주의 기치를 내걸고 신당 창당을 선언했다. 국민신당과의 통합조건이 실천되는 것 같아 안도했다. 이렇게 태어난 새천년민주당에 국민회의는 흡수되었다. 2000년 4월 16대 총선이 다가왔다. 청와대에서 연락이 와서 대통령을 만났다. 직접 대면하는 것은 정권이 바뀐 후 처음이었다.

　DJ는 나에게 총선 선대위원장을 맡아달라고 요청했다. 물론 단독 위원장이었다. 나는 흔쾌하게 받아들였다. 그는 나에게 비례대표를 권했다. 나는 고향 충청권에서 출마하겠다고 말했다. 당시 나는 논산 아니면 대전 출마를 고심하고 있었다. 새천년민주당은 영남은 물론 충청 인천 강원 제주 등에 단 한 명의 국회의원도 없었다. 내가 충청에 나가야 당을 전국 정당으로 만드는

데 도움이 된다고 역설했다.

그는 선뜻 나의 주장에 동의하지 않았다. 며칠 후 전화로 나의 주장이 옳다며 그렇게 하자고 동조했다. 나는 고향 논산에서 출마해 당선됐다. 당은 제1당이 되는 데에는 실패했지만 영남을 제외한 전국에서 고르게 당선자를 배출하여 전국 정당화 목표를 달성했다.

총선 후 곧 전당대회가 열렸다. 당 대표 선거에 나가야 할지 고민이었다. 나의 목표는 차기 대통령이었기 때문에 낯선 당에 뿌리를 내리는 것이 급선무였다. 주변의 권유를 받아들여 출마를 결심했다. 압도적인 국민 여론 덕분에 대의원들의 지지도 점점 끓어올라 1등으로 올라섰다.

그러나 그 당은 역시 'DJ 당'이었다. 내가 당 조직을 장악하는 것을 용납하지 않았다. 그들은 대통령의 뜻을 내세워 나의 1등 당선을 가로막았다. 나는 한화갑에 이어 근소한 차이로 2등에 머물렀다. 당 대표가 궁극적인 목적이 아니었으므로 대범하게 받아들였다.

마침내 2002년 대선정국이 막을 올렸다. 그해 5월 지방선거가 있고 12월 대선이 나를 기다리고 있었다. DJ의 국민 지지는 하락해 그의 이름으로 지방선거를 승리하는 것은 불가능했다. 지방선거에서 패하면 대선도 승리 가능성이 희박했다.

나는 2월 조기 경선을 통해 대선 후보를 뽑고, 후보의 인지도를 내세워 지방선거를 치르자고 주장했다. 나의 주장은 점점 힘을 얻어 마침내 2월부터 4월에 걸쳐 조기 경선이 이루어졌다.

경선은 미국의 오픈 프라이머리 방식대로 권역별 순회 경선으로 치러졌다. 당원과 투표 참여를 희망하는 유권자 가운데 컴퓨터로 추첨한 사람들이 투표했다. 당시 여론조사를 보면 당원과 국민 모두 나를 지지하는 분들이 53%, 노무현 지지가 13%, 나머지는 모두 한 자리 숫자였다.

사전 여론조사 결과에 놀랐던지, 경선이 시작되자 나를 탈락시키기 위한 온갖 공작이 시작되었다. 우리 캠프가 모집한 국민선거인단이 제일 많았는데 컴퓨터 추첨에서는 극소수만 당첨되는 지역이 속출했다. 이 밖에도 어이없는 일이 다반사였다.

두 번째 울산 경선이 끝나고 몇 시간 만에 갑자기 "노무현이 이인제를 이긴다"는 여론조사 결과를 어느 언론이 발표하더니 다른 모든 언론들이 이를 앞다투어 보도하면서 경선판을 뒤흔들기 시작했다. 이런 식의 음모와 모략은 단지 시작에 불과했다.

## DJ가 만든 후보

새천년민주당의 조직은 DJ의 의지대로 움직였고, 그 당의 주력은 호남이었다. 게다가 호남인들에게 DJ는 불변의 우상이었다. 더 이상 경선은 나에게 무의미했다. 나는 내 누적 투표수가 2등으로 밀린 순간 경선을 포기했다. 경기도 경선을 바로 앞둔 순간이었다.

그 경선의 공작 음모는 뜻밖에도 경선 당시 대통령 비서실장이던 박지원이 훗날 실토해서 세상에 밝혀졌다. 박근혜 정권 시절 채널A 방송에 출연한 박지원은 이렇게 떠벌였다. "이제 공소시효가 지났으니 말한다. 내가 후보를 이인제에서 노무현으로 바꾸어야 한다고 김대중 대통령께 말씀드렸다. 대통령이 선뜻 승인하지 않아 몇십 차례 계속 설득한 끝에 승낙을 받았다. 그리고 광주 등에 내려가 대통령의 뜻을 전하고 노무현을 후보로 만들었다."

문재인 정권 시절 SBS에 출연해서도 그는 똑같은 이야기를 반복했다. 민주주의 꽃인 당내 선거를 권력을 동원해 왜곡하는 행동은 민주주의에 대한 반역이다. 이런 불법을 저질러놓고 무엇이 떳떳해 그는 당당하게 두 번씩이나 방송에서 그 사실을 폭로했을까? 더 신기하고 이해할 수 없는 것은 수많은 언론 가운데 어느 하나 이를 문제 삼지 않았다는 점이다.

노무현은 후보가 되자 이회창을 10% 가까이 앞섰다. 그러나 얼마 지나지 않아 그의 품성이나 노선에 회의를 느낀 국민의 지지가 빠져나가면서 지지율이 10%대로 추락했다. 빠져나간 지지는 이회창으로 가지 않고 허공에 떠 있다가 정몽준에게 몰렸다. 어느 사이 정몽준이 이회창을 위협하는 2등으로 올라섰다.

노무현은 좌파주의자다. 아직도 냉전의 계곡에 갇혀있는 우리 정치에서 좌파주의가 정권을 차지하는 일이 있어서는 안 된다는 게 나의 신념이다. 대선이 끝나면 당의 노선을 다시 중도 개혁주의로 정립하면 된다고 생각하며 마음을 정리했다.

그러나 이번에도 상황이 엉뚱하게 흘러갔다. 정몽준이 단일화 함정에 빠져 노무현에게 지지를 몰아준 것이다. 심야에 펼쳐진 단일화 쇼의 효과는 충격적이었다. 바로 뒤 실시된 여론조사에서 3등으로 허덕이던 노무현은 이회창을 10% 이상 앞선 것으로 발표됐다. 대선 한 달 전 일이었다. 이제 노무현의 당선은 거의 기정사실이 되었다.

그때까지 나는 탈당을 생각한 일이 없다. 그러나 좌파주의자 노무현의 당선을 같은 당에서 지켜본다는 것은 나의 정치적 신념을 배반하는 일이었다. 나는 다시 외롭고 고통스러운 탈당을 결심했다. "친북 좌파주의에 나라를 맡길 수는 없다." 이것이 내가 탈당한 유일한 대의명분이었다.

## 실패는 있어도 실의는 없다

  나는 다시 바람 부는 광야에 외로이 홀로 섰다. 좌파의 집권을 막기 위해 자민련 김종필 총재와 손을 잡았다. 보수의 한 축을 맡아 무던히 애를 썼지만 허사였다. 노무현의 집권으로 그토록 거부했던 좌파정권 시대가 열렸다.

  그는 공개적으로 자신이 좌파라고 큰소리쳤다. 평양을 방문해 김정일과 함께 걸으며 자신이 "평양 대변인"이라고 공언했다. 북방한계선 NLL을 함부로 양보하려 했다. 전시작전통제권을 환수하겠다며 한미동맹을 흔들었다. 그러나 그는 아직 설익은 좌파였다. 대한민국을 완전히 망가뜨리기에는 역부족이었다.

  나의 정치적 공간은 막히고 암흑과도 같은 날들이 계속되었다. 노무현이 자신의 궁지를 탈피하려고 벌인 대선자금 수사에서 그들은 나를 잡아넣었다. 내가 이회창 측으로부터 거액의 불법자금을 받았다는 누명을 뒤집어씌웠다. 나는 법정투쟁을 통해 깨끗이 누명을 벗었다. 완전한 무죄판결을 받은 것이다.

  나의 실패와 시련은 계속되었다. 그러나 그런 가운데에서도 고향의 유권자들은 변함없이 나를 신뢰하고 국회로 보내주었다. 심지어 공천에서 배제되어 무소속으로 출마했을 때에도 당선시켜 주었다. 나는 최선을 다해 의정활동에 전념했다.

노무현 정권이 끝나고 이명박(MB) 정권이 들어섰다. 그리고 2012년 대선이 시작되었다. 당시 나는 자민련의 후신 통일선진당의 대표였다. 국회의원 4명의 작은 정당이었다. 대선 판세는 새누리당의 박근혜와 민주당의 문재인이 박빙이었다.

문재인은 노무현보다 훨씬 위험한 좌파주의자다. 그를 둘러싼 이념세력은 전대협 계열의 주사파가 주류다. 순수한 좌파도 우리 정치의 주축을 형성해서는 안 되는데, 주체사상의 세례를 받은 세력이 집권한다면 남북으로 분단된 나라가 어떻게 될 것인가?

나는 통일선진당이 보수의 가치를 확산하기 위해 결단해야 한다고 판단했다. 새누리당 지도부에서는 합당에 부정적이었다. 그러나 박근혜(GH) 후보의 결단으로 합당이 급속히 진전되었다. 나는 GH와 회동하고 보수의 승리를 위해 아무 조건 없이 통합하기로 합의했다. GH는 천신만고 끝에 100만 표 차이로 당선되어 MB에 이어 2기 보수정권을 열었다.

## 좌파를 넘어, 좌절을 넘어

나는 1997년 독자 출마를 위해 탈당한 이래 15년 이상 정치적 방황을 거듭하다 마침내 떠났던 당에 합류했다. 공자는 인(仁)을 핵심 가치로 하는 도덕정치를 실천하려다 기득권세력의 공세에 몰려 모국 노나라를 등지고 주유천하의 길에 나섰다. 무려 열두 개 나라를 전전하며 이상을 실천하려 했으나 실패했다.

그분은 모진 고난 끝에 14년의 방황을 끝내고 노나라로 돌아올 수 있었다. 나의 처지를 감히 공자에 비유할 수 없지만, 나는 그보다 더 긴 세월 한국 정치 공간을 방황하다 내가 출발한 당으로 돌아올 수 있었다.

GH가 당선인 시절 나에게 전화를 걸어 스위스 다보스에서 열리는 세계경제포럼에 특사로 가 달라고 요청했다. 나는 기꺼이 받아들였다. 대선 때 힘을 보태주어 고맙다는 뜻으로 그런 제의를 했을 것이다.

몇 명의 국회의원 그리고 외교부 관계자와 함께 눈 덮인 다보스에 가 주어진 역할을 충실히 수행했다. 거기에 참석한 외국 정부와 국제기구 대표들과 만나 조만간 출범할 박근혜 정부의 비전과 정책을 설명하고 지지를 구했다. 포럼에 참석한 반기문 UN 사무총장과도 만나 국제정세에 관해 의견을 교환했다.

나는 대선 승리 후 처음 치러진 전당대회에 출마했다. 15년을 비운 당에 나의 지지 세력이 있을 리 없었다. 최고 득표를 한 김무성이 대표가 되었고, 나는 4명의 최고위원 중 하나로 선출되었다. 비로소 당에 안착했다는 안도감이 밀려왔다.

2016년 봄, 20대 총선의 계절이 다가왔다. 여당인 새누리당은 콧노래를 불렀다. '160석이냐, 180석이냐?' 모두 들떠서 김칫국을 먼저 마시는 분위기였다. 반면에 민주당은 초상집이었다. 당대표 문재인에게 안철수가 반기를 들고 마침내 분당했다. 새누리당의 총선 가도에는 온통 파란불이 켜진 듯했다.

발목을 잡은 것은 새누리당 내부의 해묵은 갈등이었다. 박근혜계와 이명박계의 내분이 폭발하고 만 것이다. 공천을 둘러싸고 대통령과 당대표가 한 달이 넘도록 난투극을 벌였다. 국민 눈에 그 싸움은 교만으로 비칠 수밖에 없었다. 우호적인 여론은 싸늘하게 식어갔다.

지역구에서 상대를 더블 스코어로 앞서던 나의 여론지지도 추락하고 있었다. 나는 충청 선대위원장을 맡아 내 선거운동에 전념할 수도 없었다. 결국 1%도 안 되는 표차로 패배하고 말았다. 국회의원 선거 최초의 패배였다. 새누리당도 분열된 민주당에 1당 자리를 내주었다. 의회 주도권을 상실한 것이다.


**정치 문제는 정치로 풀어야**

갑자기 국회라는 정치무대에서 밀려난 나는 시민의 한 사람으로 돌아와 나와 세상을 또 다른 눈으로 성찰하는 시간을 갖게 되었다. 총선 패배 직후 나는 청와대에서 대통령을 만나 대화할 기회를 가졌다. 그 자리에서 나는 이런 요지로 의견을 개진했다.

"이제 여의도 둑이 무너졌으므로 물이 범람하여 청와대까지 밀려올 것입니다. 시급히 비상대책을 세워야 합니다."

야당의 정치공세는 점점 거칠어져 탄핵 열풍으로 변질됐다. 우리 사회 구석구석에 숨죽이고 있던 반체제 세력들은 횃불을 들고 광화문광장에 모여들어 탄핵을 선동했다. 좌파 언론은 물론 보수 언론들까지 탄핵 주장을 대변하기 시작했다. 탄핵 반대 목소리는 철저히 외면당했다. 나도 탄핵을 반대했다.

"미국은 건국한 지 240년이 지났지만 탄핵으로 대통령을 내은 적이 없다. 탄핵위기를 정치적으로 풀었다. 우리도 정치 문제는 정치적으로 풀어야 한다. 탄핵은 헌정사의 비극이고 그 상처는 쉽게 아물지 않고 되풀이된다."

사태는 나의 희망과는 거꾸로 진행되었다. 새누리당에서 탄핵을 찬성하는 의원들 60여 명이 야당의 탄핵발의에 동조했다. 탄핵안이 국회를 통과하고 GH의 대통령직무는 정지되었다. 천하가 대란에 빠져버렸다. 나는 하루도 빠짐없이 탄핵 반대집회에 참석했다.

마침내 헌법재판소가 결정을 선고하는 날. 나는 한 조각 희망을 안고 헌재 앞 군중 속에 서 있었다. 결론은 대통령 파면이었다. 그보다 더 나를 절망에 빠뜨린 것은 재판관 가운데 한 사람도 반대하지 않았다는 사실이다. 도저히 믿을 수 없었다. '아, 그 8명의 재판관 가운데 단 한 명의 의인義人도 없단 말인가!' 내가 한국의 민주주의에 대해 이토록 슬픔과 허망을 절감했던 일은 일찍이 없었다.

 탄핵으로 박근혜 정권이 무너지고 그 공간을 차지한 것은 문재인 정권이다. 새누리당을 비롯한 보수세력들 가운데 탄핵을 지지했던 세력들의 희망은 반기문이었다. 그는 보수의 새로운 대안이자 희망이었다. 그러나 그것은 결국 허무한 꿈이었다. 우리의 위대한 조국 대한민국은 주체사상에 함몰된 문재인 세력의 손아귀에 넘어가 버리고 말았다. 앞으로 닥칠 광풍을 생각하니 잠을 이룰 수 없었다.

### 희망의 나라로

 문재인의 폭정이 계속되는 가운데 2018년 지방선거가 다가왔다. 국민은 탄핵의 후유증에서 벗어나지 못했고 문 정권의 포퓰리즘에 중독되고 있었다. 거기에 문재인과 트럼프가 김정은과 벌이는 위장 드라마가 헛된 꿈을 부채질했다. 핵 야망에 불타는 김정은과 금세 비핵화를 합의하고, 한반도에서 핵의 먹구름을 밀어내 평화를 만들 것처럼 국민을 철저히 속이고 있었다.

새누리당은 절망에 빠져 있었다. 지방선거에 나갈 후보를 찾기 어려웠다. 특히 나의 고향 충남 지사에 나갈 후보가 없었다. 당 대표 홍준표는 나에게 출마를 간곡히 부탁했다. 나는 고민 끝에 어려운 당을 살리기 위해 출마를 결심했다. 나는 당락을 초월하여 문 정권의 폭정을 성토하고 충남의 비전을 제시했다.

문 정권은 트럼프와 김정은이 선거 3일 전부터 싱가포르에서 만나 평화 쇼를 연출토록 조율했다. 그것이 얼마나 우리 국민과 세계를 속인 추악한 연극이었는지 지금은 우리 모두 알고 있다. 그러나 그때에는 통일의 길에 성큼 다가갔다는 기대감이 많은 이들을 들뜨게 했다.

선거 결과는 참패였다. 대구와 경북에서만 승리했을 뿐 전국 각지에서 패배했다. 나 역시 총선에 이어 지방선거에서도 패했다. 그 충격을 온몸으로 흡수하며 국민과 함께 문 정권의 폭정을 이겨내야 한다는 사명감으로 하루하루를 견뎌냈다.

2년 뒤 다시 총선이 다가왔다. 나는 총선 1년 전부터 고향에 내려가 발로 뛰며 선거를 준비했다. 안양에서 처음 선거에 나설 때의 초심初心으로 돌아가 사람들을 만나 진솔한 대화를 계속했다. 시간이 흐를수록 나의 진심이 통하는 것 같았다. 그런데 당 지도부가 공천에서 나를 배제했다. 어느 날 나와 홍준표, 김태호를 경선에서 컷오프 한다고 발표한 것이었다. 아무 설명도 없었다.

공정한 경선을 통해 정치에 참여할 수 있는 권리는 헌법에 보장된 민주주의 기본권 가운데 하나다. 민주정당이라면 기회의 평등이 보장되어야 한다. 합리적 이유도 없이 참정권을 원천 봉쇄하는 것은 헌법정신을 훼손하고 당헌 당규를 짓밟는 폭거가 아닐 수 없다.

나는 분노했다. 탄핵으로 무너져 다시 일어서야 하는 당에서 이런 무도한 짓이 행해지다니 참을 수 없었다. 그러나 우리 지역은 민주당 강세지역이 아닌가. 내가 반발하면 민주당에 힘을 보태주는 것과 마찬가지다. 나는 분노를 누르고 침묵하기로 결심했다. 홍준표와 김태호는 즉각 반발해 탈당하고 무소속으로 출마해 당선된 후 복당했다.

총선에서 우리 당은 다시 참패했다. 충청권과 수도권에서는 궤멸에 가까운 타격을 받았다. 충청권 28개 의석 가운데 우리 당은 8곳에서 승리하고 민주당이 20개 의석을 휩쓸었다. 충청도 민심을 잃는 바람에 수도권에서도 121개 의석 가운데 고작 16개 선거구에서 이기고 민주당이 104개 의석을 차지했다. 민주당

의원 수는 170여 명에 이르렀다.

여러 원인이 겹친 결과겠지만, 가장 큰 패인은 엉터리 공천이었다. 문재인의 폭정은 날개를 달았다. 그는 안보와 국방은 물론 사회 경제 노동 등 모든 분야에서 대한민국을 위태롭게 하는 법안을 쏟아내고 무리한 정책을 강행했다. 일일이 열거할 수도, 열거할 필요도 없을 만큼 그 사례는 무궁무진하다.

문의 폭정에 맞서 싸워야 할 야당은 투쟁을 포기했다. 1년 이상 임기를 보장하라는 김종인을 비대위원장에 앉혀놓고 변죽만 울리다 끝났다.

비가 오나 눈이 오나 대한민국을 지켜야 한다는 일념으로 문 정권의 폭정에 맞서 싸우는 국민이 있다. 토요일이면 광화문을 중심으로 주변 광장에 모여 함성을 토하는 애국시민들이다. 많을 때는 끝이 보이지 않을 만큼 인파가 집결한다. 나는 늘 그들과 함께했다.

김종인이 물러가고 전당대회에서 이준석이 대표로 선출되었다. 그는 한술 더 떠서 문 정권에 대한 투쟁을 공개적으로 포기했다. 참으로 어처구니없는 일이 아닐 수 없었다. 대한민국을 건국하고 산업화와 민주화의 기적을 이룬 보수세력이 길을 잃어버린 것이다. '이 상태로 과연 정권교체가 가능할 것인가.' 나의 마음은 무거워지고 고뇌는 깊어만 갔다.

그러나 역사의 신은 대한민국을 버리지 않았다. 경선을 통해 보수를 대표하는 국민의힘 후보로 선출된 윤석열이 승리한 것이다. 그의 승리는 대한민국의 승리이자 위대한 국민의 승리다. 나는 하늘을 향해 감사의 기도를 드렸다.

"오, 하나님, 감사하고 또 감사합니다!"

그가 대통령으로 취임하기 전, 나의 스승 김철수 교수께서 유명을 달리했다. 여의도 빈소에 조문을 갔다가 그 자리에서 우연히 당선인 윤석열과 조우했다. 나는 "꼭 성공하셔야 한다"고 말했다. 그렇다. 그는 우리 민족과 나라를 위해 반드시 성공해야 한다. 그에게 실패할 자유는 없다. 나는 작은 힘이지만 윤석열 정부의 성공을 위해 헌신해야 한다고 굳게 다짐했다.

## 출발선에 다시 서서

초판 1쇄 인쇄  2023년 12월 1일
초판 1쇄 발행  2023년 12월 8일

지은이  이 인 제
펴낸이  김 혜 승
펴낸곳  따뜻한손
디자인  차 창 익

등록번호  제13-1345호
등록일자  2002년 12월 7일

주    소  서울특별시 종로구 혜화로 35
전    화  02)574-1114
이 메 일  humandom@naver.com
I S B N  978-89-91274-71-6 03810